VIDA Dorada

Hay que morir para volver a nacer. En el momento que tocas fondo… te conviertes en el ave Fénix y desde tus cenizas llegas a la **VIDA DORADA.**

NABARRO

Título: Vida dorada
© 2020, Aitor Navarro

Autoedición y Diseño: 2020, Aitor Navarro

Primera edición: septiembre de 2020
ISBN-13: 978-84-18489-28-0

AMANECER DE LA VIDA

La vida es un amanecer continuo. Cada día, es un día nuevo. Un día nuevo para festejarlo. Cada día amanece con un nuevo sentido. Cada amanecer es una nueva oportunidad.

 VIDA Y AMANECER van unidos de la mano, están en el mismo cordón. Se puede decir que, amanecer y atardecer son el abrir y cerrar del telón. La vida es una gran obra teatral. Cuando nacemos, el telón se sube y cuando nos toca partir para la siguiente vida, el telón se baja.

Pues, el amanecer y el atardecer tienen mismo significado. Al nacer amanece… y momentos antes de fallecer, contemplamos el atardecer, la vida en su máxima expresión. El sentido de la vida, está en el amanecer y atardecer.

Por esa misma razón, hay que aprovechar y valorar la vida, como un exquisito regalo que nos lo ofrecen nada más nacer. Y ese regalo, lo abrimos… cuando nos toca partir. El éxito reside en saber que estás haciendo lo que uno quiere, que está disfrutando del proceso. Y cuando toque partir… saber que has hecho todo lo que debías.

AMANECER DEL ALMA

El alma (nuestra alma) se pasa toda la vida amaneciendo. El alma, es un soplo aire que le da al corazón una fuerza fuera de lo común.

Cuando despiertes, cuando te levantes por las mañanas... respira hondo, coge aire, medita, reflexiona... siente y agradece. Porque... un día más, podrás disfrutar de la vida. Y eso... ¡Es un regalo!

El amanecer del alma está en cada mañana, cada vez que nos levantamos después de un tropezón (por muy grande y grave que sea), cada vez que iniciamos una nueva etapa en nuestras vidas.

El alma es como una flor, puede crecer, volverse bella, con esplendor, fuerte... pero también se puede marchitar si no la regamos, es decir... si no la cuidamos. Y la menor manera de cuidar nuestra alma es... queriéndonos, valorándonos, queriendo y valorando cada cosa que nos rodea.

El alma está en constante amanecer y... cuando nos toca partir hacia la otra vida, entonces, el alma entra en una fase de... atardecer. Cuida tu alma y valora la vida en su amanecer.

ÍNDICE

INTRODUCCION

Este es el segundo libro de la trilogía, **"EL ESCENARIO DE LA VIDA".** Un proyecto, una obra de tres libro, tratando el mismo tema pero desde perspectivas diferentes.

En el primer libro, te hable del miedo y de las inseguridades. Todo lo que produce y crea el miedo al ser humano. Medios de comunicación, entorno, familia… etc.

Te hablé de mi vida, de mis miedos e inseguridades y como los afronté y los superé.

Te he hablado de grande profesionales de la espiritualidad y del crecimiento personal, de actores, cantantes, personajes históricos, de la Biblia, de mis mentores… etc.

También te he hablado del Eneagrama, los diferentes eneatipos, de las habilidades sociales, del control emocional, de la sexualidad, de la ternura, del amor… del perdón… ¡De muchas cosas!

En algunos momentos te volveré a recordar algunos capítulos del **"EL ESCENARIO DE LA VIDA"** para

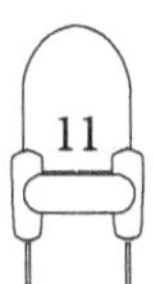

que no te olvides (y recuerdes) datos e información importantes.

Pero también te hablaré de la vida, de las pautas imprescindibles para **decir NO al MIEDO**. Las pautas o más bien, las directrices y los pasos a seguir.

Después de leer "**EL ESCENARIO DE LA VIDA**", ahora ya sabes, de sobra en qué consiste la vida (Que no es otro, que tener un propósito de vida),

Recuerda de donde provienen los miedos. La mente es el mayor centro de distribución de miedo. Hay que plantarle cara al miedo, empequeñecerlo. Convertir las inseguridades en seguros de vida.

Por eso mismo, te quiero convertir en el protagonista de tu vida. Que tus seas **DIRECTOR/A, GUIONISTA Y PROTAGONISTA de tu obra (vida).**

Pero para eso, primero tienes que enterrar tus miedos e inseguridades. Tienes que ser consciente de tu subconsciente. Debes ser consciente, de que para vivir… a veces hay que morir (tocar fondo).

Cuando leas este libro, comenzarás a decir… "**YO… AVE FENIX**". Quizás, desde el primer capítulo. ¡Empezamos!

AVE FENIX

¿QUE ES EL AVE FENIX?

Es un ave fabulosa, de sangre caliente, cubierto de plumas.

Es un pájaro de la mitología griega. Se asemeja a un águila. Única en su especie.

Se consumía por acción del fuego cada 500 años, pero luego resurgía de sus propias cenizas.

Cuando el fénix se quemaba por completo, al reducirse a cenizas, resurgía la misma ave fénix. Siempre única y eterna.

> **"El mítico Inca, que un día resurgirá de sus cenizas como ave FENIX, y se recompondrán su cuerpo despedazado y su imperio"**
>
> **LEYENDA INCA.**

SIGNIFICADO DEL AVE FENIX

Es un símbolo de lo metafísico, símbolo universal de la muerte, generada por el fuego, la resurrección, la inmortalidad y el sol. Representa delicadeza. Vive del roció, sin lastimar a ninguna criatura.

PRECIOSA Y ESPLENDOROSA

EL RENACER;

Renace superando las adversidades que le pone la vida.

La inmortalidad es un deseo de muchas personas. Cuando se renace, se vuelve a partir de cero. Y como he dicho tantas veces (en el libro, **EL ESCENARIO DE LA VIDA)**, para empezar de cero, para volver a nacer… hay que morir.

Una vez muerto (en vida) renaces. Empiezas un nuevo ciclo. En este nuevo ciclo, evolucionas, creces, adquieres conocimientos, te equivocas para aprender… etc.

SIMBOLO Y CURATIVO;

El ave Fénix, es un símbolo de fuerza, de purificación, de inmortalidad, de renacimiento físico y espiritual.

Incluso se puede decir que, era un símbolo de la resurrección de Jesucristo.

Entre sus virtudes, se encuentran sus lágrimas. Lagrimas curativas. Los antiguos decían que, las cenizas del Fénix eran tan poderosas que podrían incluso resucitar a los muertos.

El ave Fénix, está considerado como símbolo del crecimiento y desarrollo personal.

Cuando uno/a renace de sus cenizas, cuando toca fondo, vuelve a nacer. Empieza a crecer como persona y se va reconvirtiendo en una nueva persona y con más fuerza.

Su fuego es belleza, fuerza, alma, inmortalidad. Sus lágrimas son tan fuertes como el latir de un corazón.

En el siguiente capítulo, te hablaré de la rendición. Rendirse siempre se ha visto como algo malo, pero...ya verás que no es así.

RENDICION

La rendición es un acto vital, para superar el miedo. Y una vez que te rindas ante el universo, y dejes que todo fluya a su gusto, es entonces cuando, la abundancia te llegará.

No luches contra lo inevitable, no luches contra ti mismo, no luches contra tu mente (domina tu mente), acepta tus miedos, déjate rendirte para así superar… tus miedos.

En este libro, te daré pautas y tendrás que elegir si hacerme caso o no.

En tus manos está ser el/la directora/a, guionista y protagonista de tu vida o… ser un/a simple secundario/a o figurante. **¡TU DECIDES!**

¡EL MIEDO NO ES UNA OPCIÓN! ¡EL MIEDO JAMÁS PUEDE SER UNA OPCIÓN!

El miedo trae consigo la rendición inmediata. **¡LA RENDICIÓN TAMPOCO ES UNA OPCIÓN!**

Pero si hay una rendición que viable. Aceptando las circunstancias, te rindes para volver a nacer. Y una vez, que vuelves a nacer…

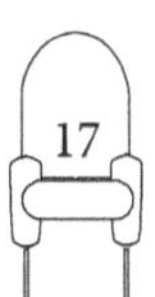

¡VETE A POR TUS SUEÑOS! ¡NO TE RINDAS... JAMÁS!

Porque, rendirse es decir no a **TUS SUEÑOS**. ¿Serías capaz de dejar escapar tus sueños mediante una rendición?

¿Serías capaz de rendirte teniendo tu **SUEÑO** a **TU ALCANCE**?

No cometas la torpeza, la estupidez de rendirte. Rendirte es arrodillarte ante tu enemigo. Tu enemigo, es el miedo.

¡EL MIEDO ES TU ENEMIGO! ¡TUS SUEÑOS NO SON TU ENEMIGO!

> **"Ni tu peor enemigo, puede hacerte tanto daño como tus propios pensamientos."**
>
> **BUDA**

> **"La felicidad es la ausencia de miedo."**
>
> **EDUARDO PUNSET**

¡TU ENEMIGO SE ALOJA EN TU MENTE! ¡HAZLE FRENTE! ¡TU VIDA TE PERTENECE A TI! ¡SOLO A TI!

De repente, a hora, se me vienen a la cabeza, el gran poeta, escritor, periodista y dramaturgo uruguayo… **Mario Benedetti.**

Sus poemas están llenos de amor, ternura y mucho, mucho coraje. Coraje y amor hacia la vida. Sus poemas están cargados de pasión, dulzura y fe.

Su obra de poemas **"La tregua"**, con hermosas poesías sobre el amor y otros temas, incluyendo **LA VIDA** como tema central.

Hay un poema, que va muy acorde con el tema de la rendición, del coraje y del amor.

> **"NO te rindas, aun estás a tiempo de alcanzar y comenzar de nuevo, aceptar tus sombras, enterrar tus miedos, liberar el lastre, retomar el vuelo.**
>
> **NO te rindas que la vida es eso, continuar el viaje, perseguir tus sueños, destrabar el tiempo, correr los escombros y destapar el cielo.**
>
> **NO te rindas, por favor no cedas, aunque el frío queme, aunque el miedo muerda, aunque el sol se esconda y se calle el viento. Aun hay fuego en tu ALMA, aun hay VIDA EN TUS SUEÑOS".**
>
> **MARIO BENEDETTI**

Qué gran poema, que gran verdad. No hay que rendirse… **¡JAMAS!**

La rendición supone la derrota, el adiós al sueño, el apagón del alma. No permitas eso. No permitas que tu alma se apague.

Pase lo que pase, estés como estés… por dios… **¡POR DIOS, NUNCA TE RINDAS!**

Rendirse es dar alas y poder al miedo, para que te rodee con sus tentáculos de la inseguridad.

La primera norma para vencer al miedo es no rendirse. ¡JAMÁS! Repito… ¡JAMÁS!

Que tu alma te lleve en volandas hasta la cumbre de tu propósito de vida. Que te lleve… ¡HASTA TU SUEÑO!

Porque… como bien sabes… ¡NO EXISTEN SUEÑOS IMPOSIBLES!

Bueno, espero que te haya quedado claro, que rendirse no es una opción. En el siguiente capítulo, te hablaré de otro tipo de rendición.

RENDICIÓN – REDENCIÓN

Como he dicho en el anterior capitulo, hay dos tipos de rendición.

Una, el que he explicado en el anterior capitulo. La rendición de rendirse, mandando al traste el propósito de vida y el sueño. El tipo de rendición que nunca, bajo ningún concepto tenemos que permitir.

Y el otro tipo de rendición tiene que ver con la redención. Redención es otra manera de rendirse pero pidiendo perdón, como si estuviéramos pidiendo una segunda oportunidad. Es una manera de liberarse de un castigo pidiendo perdón.

En el plano espiritual, la redención viene sujeta al perdón y a la rendición.

Para llegar al propósito de vida y conseguir el sueño ansiado, tenemos que dejar que las cosas fluyan.

Debemos dejar que el universo haga su trabajo. Un trabajo que se ve con el paso del tiempo, con el paso de los años. Miramos hacia arriba y le decimos al universo (o a dios);

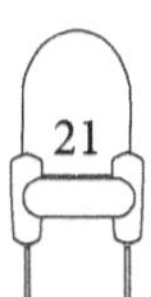

"¿Y qué hay de lo mío? ¿Te has olvidado?"

No. No se ha olvidado, pero necesita su tiempo y ver que tú también estás cumpliendo y que estás haciendo meritos para obtener ese sueño anhelado.

Pero debes saber que, durante ese proceso de maduración para que las fluyan, debes primero aceptar la situación.

ACEPTAR TU SITUACIÓN Y ACEPTARTE A TI MISMO.

Aceptando el presente y aceptando tu situación, aceptándote a ti mismo entras en el proceso de que las cosas sigan su curso.

Y en su punto más álgido de maduración, es cuando todo fluirá hacia ti. **El universo conspira para ti, a tu favor**.

Ese momento y proceso se le llama rendición. Te rindes y es cuando realmente dejas que el universo haga su trabajo, que fluya a su gusto. Entonces es cuando las cosas llegan.

EL SUEÑO, LLEGA CUANDO TIENE QUE LLEGAR.

Una cosa debes tener claro.

LO QUE ES PARA TI, TE ENCONTRARÁ. LO QUE NO ES PARA TI, NO TE LLEGARA.

Deja que las cosas fluyan, no luches contra el universo, no maldigas a dios, deja que todo siga su curso.

Cuando te rindes, también pides perdón. Te pides perdón a ti por no aceptarte, por no dejar que las

cosas fluyan, por no hacer todo lo suficiente… por no aceptar tu lado oscuro.

Aceptar tu lado oscuro (que todos tenemos) es redimirse, es adentrarse en la redención.

Y sin duda, redimirse y rendirse ante el universo, es quitarse el peso del miedo de la cabeza.

Así que ríndete y deja que las cosas fluyan.

En el siguiente capítulo, te hablaré de la vida. Más bien… de las dos vidas.

¿En qué vida… vives?

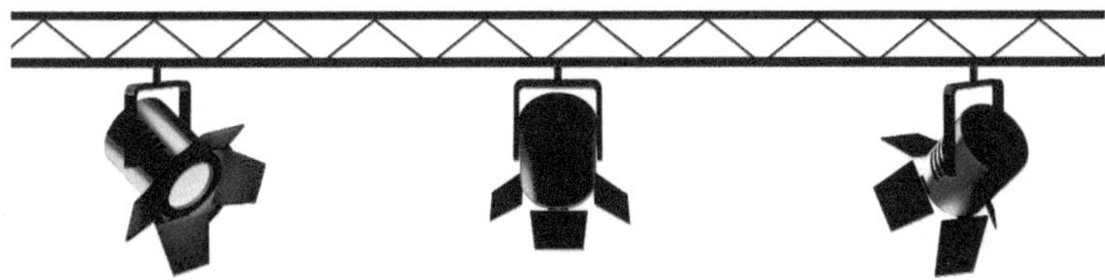

LAS DOS VIDAS

Existen dos vidas. Está la vida que estamos viviendo y la vida que nos gustaría vivir.

Está la vida que nos dicta la mente y la sociedad (y el entorno) y la vida… que anhelamos, que soñamos.

La vida que soñamos, algunos lo llaman utopía. **Pero no hay cosa más real, que un sueño utópico**.

La vida de nuestra vida, está en nuestras manos.

Nosotros decidimos que tipo de vida vivir. La vida es como un sueño… real. Y en nuestras manos está que sea un sueño, vivirla como un sueño hecho realidad … o que sea una pesadilla interminable.

¿Has visto la película "*Abre los ojos*"? Es de *Alejandro Amenábar*, y lo interpretan *Eduardo Noriega, Penélope Cruz, Chete Lera*… entre otros.

La película es de suspense, terror, ciencia ficción… de todo un poco. Muy buena película.

Cuenta la historia de un chico que lleva una vida de éxito hasta que un accidente le deja desfigurado. Y es desde entonces, cuando su vida se convierte

en una pesadilla. Se opera el rostro unas cuantas veces pero… sigue desfigurado. Pero… resulta que todo está en su mente.

El decide la vida que quiere llevar, pero se deja llevar por su mente y su vida se convierte en una pesadilla hasta que… muere y vuelve, al igual que el **AVE FENIX**, para vivir la vida que soñaba.

¿No te parece sorprendente? Es una gran película, que deja bien claro, mediante la ciencia ficción, el poder de la mente y del universo.

Te recomiendo que la veas, porque es el fiel reflejo de la vida, de la vida que llevamos.

Todo está en la mente. Si las personas aprendieran a gobernar sus mentes, vivirían la vida soñada. El rival más difícil está en tu cabeza.

> **"El mundo que hemos creado es el resultado de cómo pensamos. No podremos cambiarlo a menos que cambiemos nuestra forma de pensar."**
>
> **ALBERT EINSTEIN**

La vida empieza donde termina el miedo. Date cuenta, de que el miedo limita, paraliza, atrapa y te roba la vida. La cuestión es ser valiente y enfrentarnos a lo que tenemos a pesar de ello.

¡ATREVETE A CRUZAR LA LÍNEA, EL UMBRAL DEL MIEDO Y VERÁS, LO QUE SUCEDE. SUCEDE…. ¡UN MILAGRO!

Cuando atraviesa esa línea, cuando saltas el muro de la impotencia… es cuando te conviertes en el AVE FENIX.

Por eso debes tener claro, que existen dos tipos de vida. **EN TUS MANOS ESTÁ QUE VIDA LLEVAR**.

Te voy a contar un secreto, que todo el mundo lo sabe y nadie quiere reconocerlo. Es un secreto a voces… silencioso.

La vida y la muerte son la misma cosa. En el momento que naces, ya estás muerto.

Es decir… en el momento que naces, es una cuenta atrás hacia tu fallecimiento y posterior viaje a otra vida. Pero ese tema… es otra historia. Una historia para expertos.

En el siguiente capítulo, te hablaré de la dieta. Una dieta muy especial.

LA DIETA

Ahora te voy hablar de la dieta. De una dieta equilibrada, fundamental para tu día a día.

Hay muchas dietas;

La dieta mediterránea, la dieta del cucurucho, la dieta de la alcachofa, la dieta de la manzana, la dieta del agua, la dieta de Naturhouse , la dieta que impone los médicos, y la dieta "Yo como, lo que a mí me da la gana".

Pero no te voy hablar de este tipo de dietas. No te voy hablar de ningún tipo de dieta de los que te acabo de nombrar. NO.

Te voy hablar de otro tipo de dieta. Una dieta fundamental para el desarrollo mental y espiritual. Es una dieta para fortalecer el espíritu y el alma.

DIETA DEL ALMA

Es un tipo de dieta imprescindible para llevar una salud mental adecuada y que vaya acorde con tu alma.

Es una dieta estricta pero muy beneficiosa. Te puedo asegurar, que no pasarás hambre, tendrás libertad absoluta para comer lo que quieras, bajo tu responsabilidad claro está.

ESTA DIETA CONSISTE EN…;

Tener personalidad y ser fiel a uno/a mismo/a. Tu dieta, no es solo lo que comes. Es lo que ves, lo que escuchas, lo que lees.

Tu dieta es la gente con la que te rodeas, y las cosas con las que alimentas tu mente y tu alma.

Ten mucho cuidado con las cosas que le metes a tu cuerpo, emocional, espiritual y físicamente.

Tan malo y perjudicial es el alcohol y el tabaco como estar en un ambiente de baja calidad de energía o estar rodeado de personas de mala energía.

No te dejes influenciar por la prensa, los medios de comunicación, por el entorno, la sociedad, la familia… etc.

Haz deporte, come sano (pero no comas sano por influencia social), disfruta de la vida, cree en ti, ten fe, disfruta de estar contigo mismo/a.

Aprende a estar solo/a, disfruta meditando en tu soledad. Vete al monte, pasea por el monte o por el parque. Rodéate de arboles, de aire puro de la naturaleza.

Vete a la playa, pasea por la orilla, medita escuchando a tu alma. Porque tu alma, todos los días te habla.

¿Has escuchado alguna vez a tu alma?

¡YA ES HORA DE QUE LO HAGAS!

Vete a la montaña, sube… y observa el paraíso desde arriba. Observa el mar en su plácido silencio, la alfombra de paz interior que mana.

Cuando vayas caminando, cuando estés descansando en paz con tu mente o meditando, respira profundamente y siente como tu abdomen y tu pecho se acompasan con tu respiración.

Ponte música relajante, música que te de alegría, tranquilidad. Que te haga sonreír o que te transporte a algún lugar mágico.

Paz, tranquilidad y buenos alimentos espirituales. Son los mejores medicamentos para que lleves una vida sana y saludable.

Espero que esta dieta, la lleves a rajatabla. Ya ves, es muy barata, no cuesta nada realizarla.

En el próximo capítulo, te hablaré de las amistades. ¡Te espero amigo/a!

LAS AMISTADES

Este capítulo, me recuerda a la película, *"Las amistades peligrosas"*. ¿La has visto? Es muy buena. Recomendable. Hacen un fiel reflejo de la sociedad y de las amistades.

Y es que las amistades pueden ser muy peligrosas. Porque hay amistades y… "amistades". Dicho esto, comencemos con el tema de las amistades que tiene…miga.

En el libro **"EL ESCENARIO DE TU VIDA"** te hablé del entorno (y en este libro, también haré hincapié en el tema del entorno) como causantes y responsables del miedo que cubría tu mente.

Ahora, voy a ir más al grano, más directo. Al hablarte del entorno, te hablaré de las amistades. Sobre todo, de esas amistades que duran gran parte de nuestra vida.

Con esas amistades compartimos y celebramos cenas, juergas, intimidades… incluso hemos ido de viaje. Amistades de círculo, grupo de amigos.

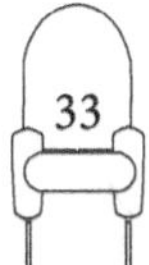

En ese grupo de amigos, con algunos/as tienes más feeling, más confianza que con otros. Que es normal.

Son buenos/as amigos/as, amigos/as de juergas, de cafés, de contar intimidades…. pues resulta que muchas veces, son los que nos someten con sus miedos e inseguridades.

Seguro que conoces al alguien que queda contigo para contarte únicamente sus penas o sus logros sin darte opción a que le cuentes tú, tus las tuyas. ¿A que sí?

Son personas que no se han trabajado el ego. El "YO", lo tienen en un altar. Son personas que no escuchan, que no saben y no quieren escuchar. ¡Cuidado con ese tipo de personas!

Estoy seguro que tus amigos/as de tu grupo, son muy buena gente, con buen corazón, dispuestos a ayudarte, pero como todo ser humano, tendrán sus defectos.

Defectos como… envidia, celos, falta de empatía y asertividad, incapacidad de escucha, derrotismo, negatividad y con la palabra miedo tatuado en su mirada.

Muchas veces, los amigos/as del grupo de amigos/ as, son los/as causantes de que no crezcas como persona y que no llegues a tu meta, a tus sueños… a tu propósito de vida.

Pero no porque sean malas personas, sencillamente porque son personas faltos de fe. Llevan la palabra "imposible" circulando por sus venas.

Personas que están acostumbradas a lo negativo, a no conseguir sus metas, a rendirse a la mínima, a la huida como opción, al derrotismo rutinario.

Acostumbrados a llevar la vida que no desean. Bueno, a lo mejor están a gusto y felices con la vida que llevan sin tener un propósito de vida. Y eso también hay que respetarlo.

Pero ese tipo de vida y de visión, conlleva que jamás percibirán la vida como un milagro. No conciben que los sueños sean alcanzables.

Por eso mismo, cuando les dices que tienes una meta, un sueño… la primera reacción que tienen es de negatividad.

Te dirán que es difícil, imposible, casi imposible, que es una locura, que no pierdas el tiempo con tonterías… y mil estupideces más. Y lo digo por experiencia.

Por eso mismo, hay que saber a quién contar tus sueños. Y mi consejo es que… los sueños hay que contárselos a tu alma., para así visualizarlo todos los días. ¡Y cuidado con la mente! Porque intentará sabotearte.

He perdido la cuenta de las veces que me han dicho… "Tú no puedes", tú no sabes", "Eso es imposible", "déjalo, mejor que lo olvides"… etc.

Sus miedos, sus derrotas y su impotencia te lo quieren traspasar a ti. "Si yo no puedo, tu tampoco". Esa es su forma de pensar.

Y no piensan eso por fastidiarte (Bueno, siempre hay algún/a envidioso/a). Te lo dicen porque su mente les ha acostumbrado a la derrota, al negativismo, a tomar la vida como un fraude.

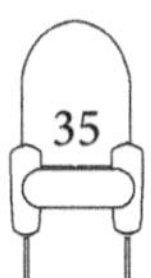

Muchas veces, nos dejamos llevar por ese entorno de amistades. Y terminamos como ellos, deambulando por el limbo de la mediocridad, diciendo adiós a nuestros sueños, dejando a un lado el propósito de vida. A mí, me pasaba eso antes.

He caminado mucho tiempo por el desierto de la mediocridad. Ese limbo maldito que te hipnotiza para que vivas la rutina. Y como no reacciones a tiempo, el huracán de la mediocridad te arrastra.

Las amistades, los/as amigos/as son muy importantes. Pero tienen su peligroso también.

Por eso hay que saber escuchar, conocer a la persona con la que compartes momentos, esa persona a la que conoces de hace veinte años y después de veinte años, te das cuenta que su vida es pura rutina, sin emociones.

Su emoción es tomar café o cervezas, maldecir la vida, maldecir a los políticos, decir que no liga o que no tiene nada de suerte en el amor, que le falta dinero, que en el trabajo le explotan… etc.

Evidentemente también te reirás con esa persona, te lo pasarás bien, compartirás momentos inolvidables pero… es una persona que no avanza en su crecimiento y desarrollo personal.

Ese tipo de personas, son **MUROS PARA TU CRECIMIENTO PERSONAL Y EMOCIONAL**.

Si quieres crecer y llegar a tu propósito de vida, es muy posible que tengas que distanciarte de esa persona o de esas personas (amigos/as).

Distanciarte no quiere decir enfadarte ni dejarles de hablar. Sino para coger el camino que te llevará a tu sueño.

De la misma manera que tienes que mantener cierta distancia con la familia para conseguir tu tus sueños. Debes distanciarte de ciertas amistades porque no te aportan nada positivo.

En el siguiente capítulo, te hablaré de ese tipo de amigos.

LOS AMIGOS

Voy a continuar con el tema de las amistades pero voy a estrechar el cerco. Me explico;

En la vida hay conocidos/as, familiares, compañeros/as de estudios, de colegio, de trabajo… etc.

¿Qué es un amigo/a?

¿Cuál es el cometido de un/a amigo/?

> **"Un amigo es alguien quien nos conoce y nos ama de todas formas"**
>
> **JEROME CUMMINGS**

Si, así es. Porque hay amigos/as que nos conoce tan bien como nuestra mente a nosotros, pero algunos/as de esos amigos/as no nos permiten ser libres.

En algunos casos, la posesión, los celos o la envidia hablan por ellos.

Quien sea amigo/a tuyo, quien te conozca, debe amarte con todo, con tus virtudes y sobre todo, con tus defectos.

Y por ninguna razón, debe hacerte cambiar para su satisfacción ni llevarte a sus terrenos mentales del miedo o de la inseguridad.

"Quien tiene un amigo, tiene un tesoro."

Es una gran verdad, porque amigos/as de verdad… los hay, pero no todo el mundo tiene esa suerte.

Una amistad verdadera, es una luz entre las tinieblas. El amigo/a verdadero/a, no te juzgara en público, no te someterá a sus deseos. Y siempre, te deseará el bien aun sabiendo que te tengas que alejar de él o de ella.

Hoy en día a cualquier persona le llamamos amigo/a. Bueno, yo también llamo a veces a alguien amigo/a, pero no porque sea mi amigo/a sino por un acto de simpatía y amabilidad.

Hay que saber reconocer a los/as amigos/as de verdad. Los/as amigo/as de verdad siempre están cuando tienen que estar.

No hace falta hablar todo los días ni estar a todas horas con ese/a amigo/a. Puede que hables con el/la una vez al mes o que le/a veas cada tres meses.

Los/as amigos/as de verdad apoyan, aportan, te hacen críticas constructivas para que vayas por el buen camino pero siempre respetando tu modo de ver la vida, la opinión… teniendo en todo momento empatía y asertividad.

Hoy en día, ese tipo de amigos/as… existen… pero no hay muchos/as.

A veces, por el proceso de la ley de la vida, te tienes que separar de los/as amigos/as, de los/as muy amigos/as y de los/as amigos de verdad.

¿Por qué?

Para llegar al propósito de vida, para alcanzar tu sueños. En algunos casos, dependiendo de la situación, te tienes que separar del/a amigo/a.

Los motivos son por decisiones y caminos. En el siguiente capítulo, ahondaré más en este espinoso tema.

¡Te espero amigo/a!

DECISIONES Y CAMINOS

La vida está llena de caminos y decisiones. La vida es un sendero de decisiones sobre un cruce de caminos.

Casi todos los días tenemos que tomar decisiones y durante la vida… nos toca coger unos cuantos caminos.

> **"Un deseo no cambia nada, una decisión cambia todo"**
>
> **JACKSON BROWN**

Así es. Una decisión te lleva al camino que te conducirá a la tierra prometida, a tu sueño… a tu propósito de vida.

> **"A menudo cualquier decisión, incluso la decisión incorrecta es mejor que ninguna decisión."**
>
> **BEN HOROWITZ.**

Incluso en las peores decisiones, debemos aprender porque forma parte del proceso de aprendizaje de la vida. No tomar decisiones por miedo a equivocarte de camino es lo peor que puedes hacer.

¡TOMAR UNA DECISIÓN ES TOMAR ACCIÓN!

Vivir es tomar decisiones y asumir las consecuencias.

Y recuerda, que nuestra realidad es producto de nuestros sueños, decisiones y acciones.

Las amistades pueden durar eternamente o romperse por discusiones, decepciones o… por "x" razones. Ley de vida.

Pero lo que tiene que quedar claro, es que, los supuestos/as mejores amigos/as, deben respetarte.

Respetar tus opiniones, tu manera de pensar y de actuar (siempre y cuando no perjudiques queriendo a otras personas), tú forma de vida, tu orientación sexual, aceptar y amar tanto tus virtudes como tus defectos, respetar tu trabajo y sobre todo…

¡VALORARTE! ¡DEBEN VALORAR TODO LO TUYO! ¡TODO… LO QUE SEA PARTE DE TI!

Pero para eso, es imprescindible que tú te quieras, te ames… **¡Y TE VALORES!**

Si te haces amigo/a de ti mismo/a, nunca estarás solo/a.

Y ten una cosa clara…

Si no te quieres, si no te valoras… no esperes que los demás lo hagan.

A veces, tus mejores amigos/as muestran sus debilidades, sorprendiéndote. A lo mejor, esas debilidades las habías visto hace años pero no les diste importancia.

No diste importancia a su inseguridad, a su carácter posesivo, a su afán de protagonismo. ¡Porque es tu mejor amigo/a! Y siempre ha estado ahí cuando le has necesitado.

Señales de envidia o de celos… pero aun así, el/a siempre ha estado a tu lado. Siempre te ha apoyado.

Pero en algunas cosas… no ha valorado lo suficiente tus logros o lo que hacías. ¿Por qué? Por miedo.

Miedo a que te separaras, miedo a que le/a dejarás a un lado, miedo a que dejaras de necesitarle… MIEDO.

Ese tipo de miedo e inseguridad crea alejamiento y distanciamiento.

Pero no le alejas ni te distancias porque le quieres, porque es tu mejor amigo.

Pero… llega un momento en el que debes tomar una decisión dura e incómoda. El distanciarte de él.

¿Por qué?

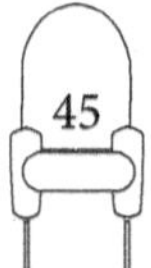

Por su negatividad, no te apoya tanto, tienen la energía muy baja… etc. Y te dices…

¿Cómo no lo he visto antes?

Muy sencillo, porque ahora estás creciendo, desarrollándote como persona y profesional. Estás en proceso de expansión.

¡Necesitas expandir tu ingenio y tu creatividad!

Pero ese entorno, en el que te has movido siempre, te lo impiden. Tu mejor amigo/a, el que siempre te ha apoyado, (y te quiere con locura) te lo impide.

Incluso, intentan disuadirte que dejes a un lado lo que tienes en la mente, que no vayas por ese camino.

Te dices que estás raro, que últimamente estás muy raro. Te dicen que con una juerga se soluciona todo.

De repente, ya no respetan tus ideas y opiniones, ni tan siquiera tú trabajo. Intentan que cambies de forma de ser.

Pero no por maldad sino porque ellos se sienten inseguros teniendo a su lado a alguien seguro de si mismo.

> **"Cambia tu opinión, pero mantén tus principios. Cambia tus hojas pero mantén tus raíces."**
>
> **VICTOR HUGO.**

Uno tiene que ser fiel asimismo, pase lo que pase. Los sueños no son negociables.

Y al final, por tu bien, decides, alejarte de aquello que te hace perder el rumbo hacia tu sueño. Eso no quiere decir que no vuelvas a verles. Seguiréis siendo amigos pero por caminos diferentes.

Tu vives el presente para conseguir tu sueño en un futuro. Ellos viven del pasado, olvidándose del presente y temiendo al futuro.

Cuando dices "adiós" a alguien porque vas por otro camino… es cuando dices" hola" a lo que te viene. No tengas miedo coge tu camino…. Hacia tu sueño.

En el próximo capítulo, te hablaré de los arboles. El ser humano y los arboles.

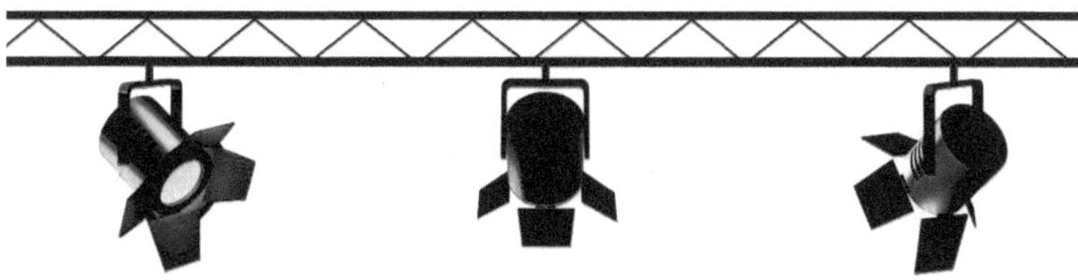

PERSONAS Y ARBOLES

A continuación te voy a explicar la similitud entre las personas y los arboles. Para que veas, que en cierto modo somos como ellos, como los arboles.

El ser humano es como los arboles. Necesitamos respirar libertad y tranquilidad. Que al fin y al cabo, la felicidad se basa en la libertad y en la tranquilidad.

Libertad para hacer lo que uno quiere (sin perjudicar a los demás) y tener la conciencia tranquila, la mente sosegada.

¿Qué es libertad?

Esa misma pregunta, le preguntaron un día, a la gran cantante *Nine Simone*, y respondió…;

"Ser libre y vivir en libertad, es no tener miedo."

Qué gran verdad. La vida nos incomodará continuamente pero si nos mantenemos firmes en nuestros propósitos y tranquilos, sabiendo lo que tenemos que hacer, no tendremos motivos para tener miedo.

El árbol está bien fijo en la tierra, sus raíces están bien fuertes en la tierra.

Y nosotros, debemos tener los pies bien anclados, fuertes sobre la tierra que pisamos. Debemos pisar con fuerza y seguridad.

Cada paso que damos al caminar, hacemos ver que estamos seguros o inseguros. Hay que pisar con energía y siempre con la mirada al frente, al horizonte. Mirada segura y una sonrisa por bandera.

Si abrazas (te lo recomiendo) un árbol podrás sentir su alma, escuchar el latido de su corazón. Si te sientas junto a un árbol, respiraras paz, armonía, tranquilidad.

Los arboles deberían ser para nosotros ejemplo a seguir. Ser como un árbol. Fuerte, robusto, transmitiendo paz y tranquilidad. Pero fuerza y seguridad al mismo tiempo.

Les necesitamos porque nos protegen, nos alimentan con aire puro, protegen a los animales. Son el alma del planeta.

Sus ramas son sus brazos que te abrazan y te dan la bienvenida. Sus hojas son las que determinan las fases de sus vidas.

En otoño se les caen las hojas, creando imágenes majestuosas, bellas y tristes a la vez. Y en otoño, eso es lo que nos ocurre. Enfermamos con más facilidad, la melancolía nos toca la puerta.

En invierno, los árboles entristecen y enferman. Y para nosotros el invierno suele preludio de etapas de melancolía.

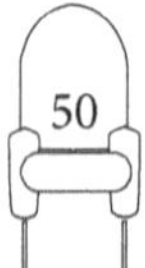

Pero en primavera los arboles vuelven a nacer, a estar bellos, bonitos. Y para nosotros la primavera es sinónimo de alegría, enamoramiento, locura, fantasía.

El verano, los arboles se engalanan de felicidad. Bellos, fuertes. Y para nosotros el verano es felicidad, sonrisas, buen tiempo, playa, monte… etc.

Para el ser humano, la primavera es el renacer de la cenizas, el verano la alegría absoluta, el otoño es melancolía o preludio de sentimiento de tristeza, y el invierno nos parece cruel, despiadado… depresivo.

Y lo mismo les ocurre a los arboles. Las estaciones del año, marcan su estado físico y emocional. Porque los arboles son emocionales.

Un árbol es un ser que vive para darnos vida.

CONSEJOS DE UN ARBOL;

Ponte firme y orgulloso.

Recuerda tus raíces.

Toma mucha agua.

Sé feliz, con tu propia belleza natural. Tanto interna como externa.

Tenemos que ser como los árboles. Sin miedo, seguros, fuertes y transmitiendo paz, armonía y tranquilidad.

O sino… como el agua. Como diría el gran Bruce lee…

"Sé agua, mi amigo"

En el siguiente capítulo, te hablaré de un cuento maravilloso. Seguro que te encantará.

EL MAGO DE OZ

En este capítulo voy a volver a la senda del cuento maravilloso y milagroso.

En el anterior libro, en **"EL ESCENARIO DE LA VIDA"**, te hablé **"Blancanieves"** de **"Caperucita Roja"**, de **"Alicia en el país de las maravillas"**, del personaje "**sombrero loco**", de **"Peter Pan"** y de los personajes que aparecían en ese cuento.

También te hablé de sus escritores, del libro **"La historia interminable"**... de los hermanos **Grimm.** Te acuerdas ¿Verdad?

Ahora, me gustaría volver por un momento, de nuevo al mundo de la fantasía y de los milagros que hay en los cuentos.

Y en concreto... al mundo de Oz. Un mundo maravilloso, milagroso, fantasioso... lleno de crecimiento en el aspecto personal.

"EL MAGO DE OZ", es una novela infantil del escritor ***"L. Frank Baum"***, y que la productora *Metro-Goldwyn-Meyer*, en 1939 lo llevo y lo plasmó al mundo del cine.

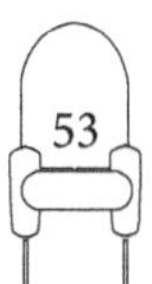

La novela infantil (y para adultos) se llevó al cine. Lo dirigió *Víctor Fleming*.

Y fue magistralmente interpretada en el papel principal por la gran **Judy Garland.**

En esa película, también participaron los actores *Frank Morgan, Ray Bolger…* entre otros.

No hace mucho (Hace siete años), se hizo una nueva adaptación del cuento de **Baum.** Naturalmente en esta nueva adaptación había más efectos especiales, pero en mi opinión carecía de la magia y de la dulzura del mago de Oz del 1939.

Cuando vi por primera vez **"El mago de OZ"** me quedé anonadado. Tendría 8 años. Pero recuerdo que me sentí maravillado por aquel mundo tan fantástico, tétrico, mágico, llena de dulzura y fantasía.

¡Al igual, que *"Mary Poppins"*!

¡Qué maravilla de película! Fantasía, ilusión, sueños… con *"Mary Poppins"* aprendí que los sueños se hacen realidad, pero hay que trabajarlos día a día, con ahínco, pasión e ilusión. Y sobre todo, que hay que vivir la vida con la mirada de un/a niños/a.

Pero volvamos al mágico mundo de OZ. A veces, me da la sensación, de el universo es el guionista de los cuentos.

Y **"EL MAGO DE OZ"** es un cuento universal.

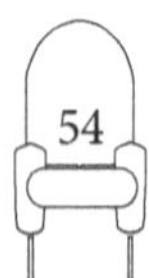

¿Qué es el mago de Oz?

Esta novela infantil, cuenta la historia de *Dorothy*. Ella es una niña feliz que vive en su granja de Kansas, con su tío Henry y su tía Emm. ¡Ah! Y con su perrito *Totó*.

Pero un buen día, todo cambia. Su perrito Totó muerde a una vecina, que es muy mala, amargada y rabiosa.

En consecuencia, se lleva a su perro *Totó* con el consentimiento del sheriff, con el fin de… hacer algo malo con el perro. No obstante, el perro escapa.

Totó regresa a los brazos de *Dorothy*. Pero *Dorothy* sabe que su malvada y amargada vecina volverá a por su perro. Con lo cual decide irse, llevarse a *Totó* a… ***"algún lugar sobre el arco iris"***.

¿No te parece preciosa esa frase?

Un lugar sobre el arco iris. Yo, al escuchar eso, me imagino un lugar, un mundo lleno de magia, de fantasía, sin miedo, ni prejuicios… lleno de felicidad.

Creo que todos deberíamos ir a buscar ese mágico lugar sobre el arco iris. Aunque realmente, ese lugar ya existe. **ESTA EN NUESTRO INTERIOR**.

Bueno, continuando con la historia. *Dorothy*… camino hacia ese lugar sobre el arco iris, se encuentra con un supuesto adivino, y le dice que vuelva a casa, que su tía Emm, está enferma.

Dorothy no se lo piensa dos veces y da media vuelta con el fin de volver a la granja. Al llegar a su granja, empieza a buscar a su tía pero no la encuentra por ningún sitio.

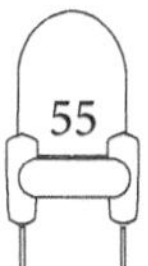

Entra a su habitación y desde la ventana observa como un fuerte tornado se acerca hacia la granja a gran velocidad.

También ve a su malvada vecina volando sobre una bici que luego se convierte en escoba.

Dorothy se queda atrapada en su habitación y el tornado se lleva la casa entera, con ella dentro. El tornado deja la granja, a *Dorothy* y a *Totó* en el mundo de OZ.

Y es ahí cuando empieza la maravillosa aventura del crecimiento y desarrollo personal del cuento.

Hadas, brujas, zapatos de rubí, magos, leones, espantapájaros, hombre de hojalata… todo un mundo lleno de fantasía.

No te voy a contar la historia completa, porque necesitaría tres capítulos como mínimo. Pero si te la recomiendo que la veas.

En el siguiente capítulo, nos adentraremos en los personajes del mundo de Oz. Que al igual, que "Alicia en el País de las maravillas", hay personajes que muestran las carencias del ser humano.

Pero esto lo verás en el siguiente capítulo.

¡TE ESPERO EN OZ!

ARCO IRIS

Antes de meterme de lleno en los interesantes personajes del mundo de **OZ**. Dejarme que regresemos por un momento a **OZ**.

Y en concreto, vayamos, al mágico mundo que hay sobre el arco iris.

Fascinante ¿verdad? Dicen que los arco Iris, surgen a raíz del cruce entre la lluvia y el sol.

Tanto la lluvia como el sol, son **VIDA**. Son **MAGIA**. Son **FANTASIA**. Tanto la lluvia como el sol, son imprescindibles en la vida. Tanto el sol como la lluvia, pueden significar alegría, paz, tranquilidad, entusiasmo… etc.

Todo depende, como lo enfoquemos nosotros desde nuestra mente y alma. Y entre la lluvia y el sol, se crea un **FENOMENO MILAGROSO**, llamado… **ARCO IRIS**.

Ese **ARCO IRIS**, lo tenemos en **NUESTRO INTERIOR**. Pero solo somos capaces de verlo cuando la mente da la orden de querer verlo, como fenómeno meteorológico.

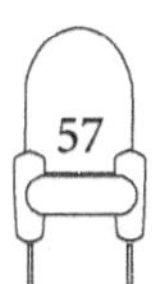

Pero lo curioso, es que no somos capaces de hacerle caso a nuestra alma para ver el **ARCO IRIS** que llevamos dentro.

En **"EL MAGO DE OZ"**, *Dorothy* canta una canción muy conocida y muy bonita, llamada ***"Somewhere Over the Rainbow".*** Que quiere decir;

"EN ALGÚN LUGAR, SOBRE EL ARCO IRIS".

Con solo leer el titulo de la canción, ya se me pone los pelos de punta de la emoción..

La letra de la canción dice así;

En algún lugar por encima del arco iris,
en lo alto.
Y los sueños sobre los que soñaste,
una vez en una nana.

En algún lugar por encima del arco iris,
vuelan los azulillos (Ave fénix)
y los sueños sobre los que soñaste,
los sueños se hacen realidad.

Algún día desearé, sobre una estrella,
despertar donde las nubes están bien por debajo de mí,
donde los problemas se deshacen como gotas de limón,
bien por encima de las chimeneas
ahí es donde me encontrarás.

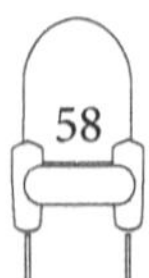

En algún lugar por encima del arcoíris
vuelan los azulillos
y los sueños a los que desafías,
¿oh, por qué, oh, por qué no puedo yo?

Algún día desearé, sobre una estrella,
despertar donde las nubes están bien por debajo
de mí,
donde los problemas se deshacen como gotas
de limón,
bien por encima de las chimeneas
ahí es donde me encontrarás.
En algún lugar por encima del arcoíris
en lo alto,
y los sueños a los que desafías,
¿oh, por qué, oh, por qué no puedo yo?

JUDY GARLAND (EL MAGO DE OZ)

Leo la letra y me transporta a ese mágico mundo de Oz. La letra de la canción, detalla y explica bien lo que es la vida, los sueños.

La vida son sueños por realizar. En algún lugar sobre el arco iris, los problemas dejan de ser problemas y los sueños se convierten en realidad. En el siguiente capítulo, te hablaré de los personajes del cuento del mago de Oz.

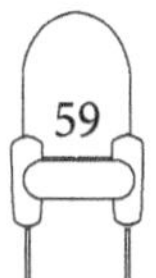

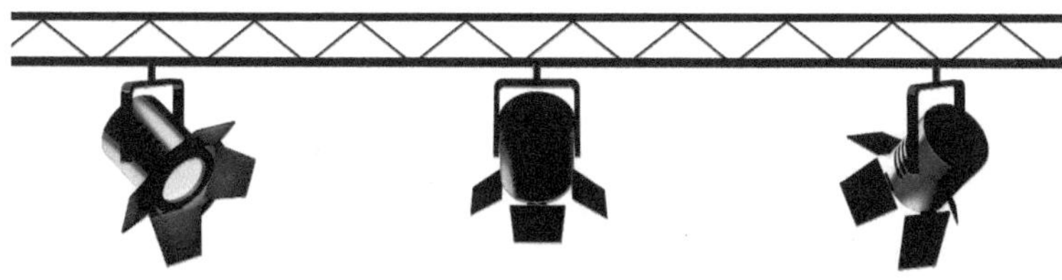

PERSONAJES DE OZ

DOROTHY;

Soñadora, algo ingenua, dulce, luchadora, noble, de un corazón tan grande como su imaginación e ilusión.

Sueña con un mundo mejor, **sueña** con una vida donde los **sueños se hagan realidad**.

Sueña con una vida mágica, lleno de amor y ternura. **Sueña con su propósito**. Y su propósito está en algún lugar sobre el arco iris.

Y ella sabe perfectamente, que los **sueños se cumplen**. Pero para eso **hay que indagar y bucear en el interior**.

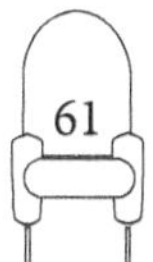

EL ESPANTAPAJAROS;

El espantapájaros, es el mejor amigo de Dorothy. Le acompaña siendo su guía hacia Oz. Pero es un espantapájaros que no asusta a los pájaros. Carece de maldad pero lleno de positivismo.

Va a Oz para que le dé un cerebro, porque cree que, por su falta de cerebro, hace que no asuste a los pájaros.

EL HOMBRE DE HOJALATA;

El hombre de hojalata acompaña a Dorothy a Oz, porque ansía tener un corazón. El hombre de hojalata es un leñador que le pedirá al mago de Oz, un corazón de verdad para poder tener sensibilidad. Puesto que una bruja le ha convertido en un hombre de hojalata.

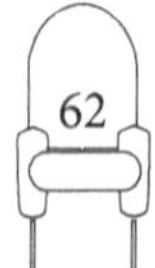

EL LEON:

Este personaje es tierno, juguetón pero arisco a la vez. ¿Por qué? Porque es un león que carece de valor. Llora porque se considera un león cobarde. Tímido pero cariñoso. Va a Oz, para que el mago le dé el valor.

MAGO DE OZ;

Este es el mago de Oz. Un pobre hombre que se pasa por ser un mago, metido en una especie de cabeza grande, en el que habla por un micrófono para intimidar a la gente. Pero realmente, el tiene tantas carencias como cualquiera.

En el siguiente capítulo, verás el significado de cada persona y del cuento (novela) del mago de Oz.

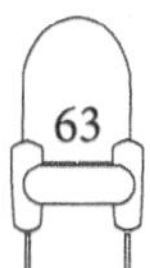

SIGNIFICADO DE LOS PERSONAJES

"**EL MAGO DE OZ**", es una historia llena de mensaje. Mensaje de **amor**, de **fe**, de **creer para ver** y de mucha **fuerza interior**.

EL MENSAJE ES...;

Todos tenemos un sueño, un camino a recorrer. Un propósito de vida. Y durante ese camino te encontraras con obstáculos y con personas muy importantes que te aportarán muchas cosas.

Dorothy tenía un sueño que cumplir y un camino a recorrer. Su sueño, lo tenía el mago de Oz.

En ese caminar se encontró con un hombre de hojalata que anhelaba tener un corazón de verdad, un espantapájaros que quería tener un cerebro y un león que ansiaba con todas sus fuerzas tener valor.

Todos estos personajes, aportaron muchas cosas a Dorothy. Sabiduría, riqueza emocional y experiencia.

El gran mensaje de este cuento, es que todos tenemos sueños que cumplir, un propósito de vida. Que la felicidad es el mayor premio que hay. Pero que nuestros sueños se alojan en nuestro interior.

Cada personaje tenía un cometido y/o una razón para visitar al mago de Oz.

El león iba porque quería valor, el hombre de hojalata iba porque quería (necesitaba) un corazón, el espantapájaros iba porque quería un cerebro.

Y Dorothy iba porque quería volver a casa y de paso, ir al país de los sueños. Ese lugar se encontraba en algún lugar sobre el arco iris.

La felicidad se esconde en nuestros sueños. Y nuestros sueños, están en nuestro interior. La fe, el amor y la creencia, son los ingredientes de la vida.

"El mago de Oz", es como la vida misma, una búsqueda incansable de tu ser original.

"El mago de Oz" es un canto contra el miedo y la inseguridad. Cuando mires dentro de ti, encontrarás algo de enorme valor que es como la fuente, el origen, dios.

¿Qué representa el personaje del mago de Oz?

Un ser superior, dios.

¿Qué ocurre cuando llegan al castillo, donde se encuentra el mago de Oz?

Desilusión y decepción. Porque no es lo que ellos pensaban. Realmente no es un mago. Todos acuden a él, porque piensan, creen que es un mago, que es… dios.

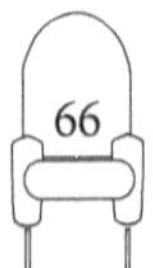

Pero en realidad, es un hombre que se hace pasar por mago, que pretende intimidar a los visitantes con una enorme cabeza, ocultando su rostro.

El mago de Oz, no les da, las respuestas que ellos, en un principio buscaban. Descubren que es un impostor, estafador. Pero que carece de maldad. Es un charlatán, buen comunicador. Fantasea con un mundo mejor para huir de su angustia y aburrimiento.

> **"Estáis hablando con un hombre que se ha reído ante la muerte, sonreído ante la desgracia y carcajeado ante la catástrofe."**
>
> **MAGO DE OZ**

¿Qué les dice, el mago de Oz?

Que lo que buscan y anhelan, ya lo tienen en su interior. Al león, le dice que es valiente, que el valor lo lleva en su alma.

Al hombre de hojalata, que no le hace falta corazón porque es tan buena persona que, el corazón lo lleva consigo.

Al espantapájaros que gracias a su agilidad mental, han llegado por el camino correcto de las baldosas amarillas hasta el castillo.

Y a Dorothy, le dice que, todo lo que ella desea, ese sueño de ir a algún lugar sobre el arco iris… que se entiende que es el paraíso, el jardín del edén, la tierra prometida, ya lo tiene en su interior.

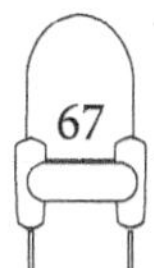

Solo le hace falta… **FE** y **CREER PARA VER**.

"**El mago de Oz**" tiene mucha miga, mucha doble lectura, mucha idiosincrasia de la vida.

"EL MAGO DE OZ", ES UN VIAJE HACIA LOS SUEÑOS, EN BUSQUEDA DEL PROPOSITO DE VIDA, EN EL QUE, ES IMPRESCINDIBLE BUCEAR, EN EL INTERIOR DEL ALMA.

Te recomiendo que leas muchos cuentos, ya que, aunque estén dirigidos a lectores infantiles, en el fondo, son fabulas para adultos. Con mucho significado sobre la vida.

En el siguiente capítulo, te hablaré de algo fundamental para hacerle frente al miedo, para vencer y entender el miedo.

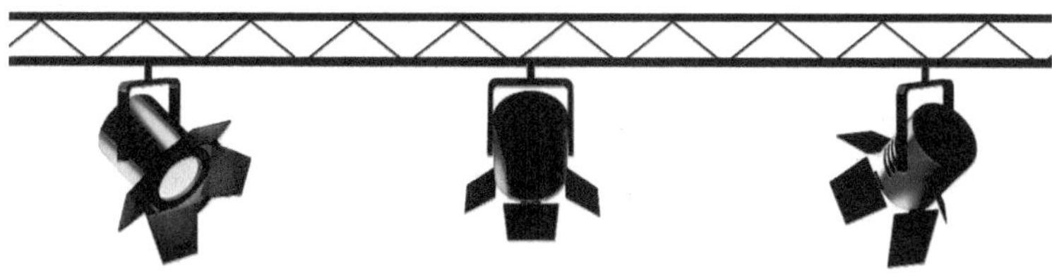

NIÑO/A

¿Qué es el miedo?

El miedo es un rostro sin rostro. Es una mirada penetrante con hojas afiladas que se cuelan por las rendijas de tu mente, intentando adueñarse también de tu alma.

El miedo es un dibujo de un/a niño/a, pintado con pintura negra, ojos rojos y boca con muchos dientes.

Pero el/La niño/a, sabe que, el miedo está en su mente y lo expresa mediante dibujos. Por eso mismo, la infancia es muy importante para desarrollar una defensa anti miedo.

En la infancia, desarrollamos la sonrisa, la alegría, la ilusión, la confianza, la fe, la energía… y los sueños van tomando forma.

Lo que pasa es que, cuando somos adultos… todo lo aprendido y desarrollando en la infancia desaparece. A medida que vamos creciendo… vamos decreciendo.

Por eso, una forma de hacer frente al miedo, es volviendo al pasado, pero en este caso, volviendo a las emociones de la infancia.

SACANDO TODOS LOS DÍAS, EL NIÑO/A QUE LLEVAMOS DENTRO.

Cuando estamos o nos sentimos enojados/as, enfadados/as, decepcionados/as, rabiosos/as (y muchas veces sin saber el motivo), es porque tenemos al niño que llevamos dentro enfadado.

Aunque crezcamos, nos volvamos adultos, el/la niño/a que llevamos dentro (en el alma) se queda ahí. Y claro, ese/a niño/a hay que alimentarlo.

Se le alimenta con sonrisas, risas, ilusión, motivación… volviendo a ser un/a niño/a.

Como bien sabes, y ya lo he comentado en el anterior libro (**EL ESCENARIO DE LA VIDA**), soy monitor de crecimiento personal y de risoterapia. Mi labor es desarrollar actividades de dinámicas de grupo, de juegos (muchos de ellos, tienen que ver con el teatro) para niños/as… etc.

En la risoterapia, se ponen en práctica ejercicios teatrales y no teatrales. Todos ellos muy divertidos y originales. Y dirigidos a todo el mundo, de todas las edades.

Pero sobre todo, en la risoterapia lo que se trabaja es…. **EL/LA NIÑO/A INTERIOR**.

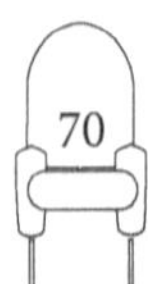

Sacamos a relucir ese niño/a, que lo tenemos olvidado, en un rincón oscuro del alma y que se deja llevar por los decretos de la mente.

Ese/a niño/a está enfadado, porque ya no juegas, ya no sonríes como antes, ya no te diviertes como antes, ya no tienes… la dulzura y la inocencia de antes.

LA RISOTERAPIA, SIRVE PARA SACAR EL NIÑO/A, QUE LLEVAMOS DENTRO.

A algunos /as les cuesta más que a otros/as. Dependiendo de la vida que hayan tenido y del momento en el que estén viviendo.

Riendo, sonriendo, sintiendo el aquí y el ahora, dándose cuenta de todo lo que te rodea.

La risoterapia no solo es para reírse y pasárselo bien. Sino para crecer y darse cuenta de muchas cosas.

Saca el/la niño/a que llevas dentro. Quiérele/a… quiérete. Tranquilízalo/a, amalo/a, dile que todo saldrá bien. Que estás orgullos/a de el/la. Dile que confías en ti, con lo cual, también confías en el/la.

Es muy importante las conversaciones con el/la niño/a que llevamos dentro. Dile que le/a protegerás y así, tu niño/a también te protegerá a ti.

Con una protección mutua (de amor y cariño mutuo) es como se hace frente al miedo.

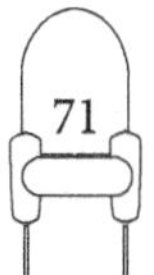

EL MIEDO LE TIENE MIEDO AL AMOR.

Cuando te proteges con el amor, sacas toda la fuerza y rabia interior (carente de odio) para protegerte del miedo.

Por eso mismo, los críos son una bendición con forma de corazón. Porque saben perfectamente que el miedo no es real.

Los críos solo le temen al dolor físico. Y saben que el dolor físico, en unos minutos desaparece.

En el siguiente capítulo, te hablaré de una persona muy especial. De Patch Adams.

¿Te suena? Seguro que si. Incluso hay una película sobre él. Bueno, pues en el siguiente capítulo, sabrás más sobre esta gran persona.

PATCH ADAMS

Hunter Doherty, médico estadounidense, activista social, diplomático y escritor. Fundador del instituto **Gesundheit!**

Este médico es mundialmente conocido como **Patch Adams.** Está considerado como el médico de la risoterapia. El padre de la risoterapia.

Es un hombre atormentado, que se compromete voluntariamente en una institución mental.

Y es ahí, donde y cuando se da cuenta de que puede ayudar a los pacientes con diferentes métodos. Métodos extravagantes que vienen desde la risa y la diversión.

Tanto él como sus ayudantes, vestidos de payasos y globos, visitaban los pacientes de los hospitales, sacándoles sonrisas, risas y minutos llenos de diversión.

De este modo, se olvidaban por completo de su patología y de que estaban hospitalizados.

Adams promovió medios alternativos de sanación para enfermos en colaboración con el instituto.

Fue el inventor de la risoterapia con fines médicos y terapéuticos, además de ser responsable de la inclusión de la misma en la medicina moderna.

Aunque, tuvo muchos detractores amargados, que intentaron desterrar su teoría sobre el humor en la medicina.

Le echaron de la facultad de medicina, pero continuo ejerciendo la medicina pero sin licencia.

Instruía a los que estaban de prácticas de medicina, utilizando el humor, el clown. Porque veía que el humor, la risa, la sonrisa… era curativa.

¡ALIVIA Y REMITÍA PATOLOGÍAS!

Y es que, con humor, positivismo y sonrisas, se curan antes cualquier enfermedad.

Está claro que con sonrisas, risas y buen humor no es suficiente, hace falta mucho más, y para esos están los/as profesionales de la salud y de las terapias alternativas.

Pero qué duda cabe que, con sonrisas, risas, buen humor y positivismo se llega antes a la curación.

Porque por muchas medicinas y muy buenos profesionales que tengas a tu alrededor, si no sacas el niño que llevas dentro, si no le sonríes a la enfermedad… te ganará siempre.

En su día, se hizo una película sobre **Patch Adams**, que fue protagonizada por el gran y malogrado **Robin Williams**.

Sobre el gran Robin Williams, podría escribir cien capítulos y me quedaría corto. Era un grandísimo

actor, un grandísimo humorista, humanista, cariñoso, activista social….siempre haciendo reír a los demás.

Pero él, en el fondo, estaba sumido en un mar de tristeza, melancolía, depresión. Pero supo convivir con su lado oscuro para poder hacernos disfrutar de su humor.

Él entendía a la perfección la vida, sabía que había un dios que le guiaba por su vida. Pero… la vida que tanto amaba también le hacía daño, por eso estaba sumido en la tristeza. Siempre se dijo de él, que era el triste más alegre y el alegre más triste.

Tanto Patch Adams como Robin Williams forman parte del extraordinario mundo de las risas y las sonrisas.

El trabajo que hizo Patch Adams fue extraordinario. Demostró que mediante la risa, las sonrisas y el positivismo se puede vencer al miedo.

EL MIEDO ES LA PEOR ENFERMEDAD. Si vences al miedo… las enfermedades, las patologías remiten y desaparecen.

La risa, el humor, las sonrisas son herramientas y armas muy efectivas contra el miedo.

¡VIVA EL HUMOR Y LAS SONRISAS COMO HERRAMIENTA DE SALUD! ¡VIVA LA RISOTERAPIA!

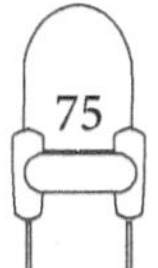

Hoy en día, en muchos hospitales, tanto de salud mental, como hospitales generales y/o centros de tercera edad, la risoterapia se ha vuelto como una herramienta muy importante. Sobre todo en oncología y pediatría.

SIN HUMOR, NO HAY CURACIÓN.

Actualmente, conozco un grupo de artistas, son de San Sebastián (actores, actrices, humoristas y clown), que se hacen llamar "**ALGARAKLOWN**", que se dedican a visitar hospitales y residencias, vestidos de payasos (clown).

Van con globos y chismes típicos de los payasos a las habitaciones, con el fin de entretener, divertir y hacer olvidar el mal rato a la persona que está hospitalizada o ingresada en un centro de tercera edad.

Hacen un trabajo excepcional. Mucha ayuda, mucha empatía, muchas sonrisas, mucha paciencia, mucho amor.

Les llamo, los médicos del quita miedos y saca sonrisas.

Hace falta más médicos profesionales del humor y del arte escénico como estos. Hace falta más **Patch Adams** en el mundo.

Personas como estas son las que generan **AMOR**, **FE** y hacen que **el alma** de los/as abuelos, abuelas y hospitalizados… rían, sonrían y **rejuvenezcan**.

Te quitan el miedo, olvidándote del miedo, dejando la mente empequeñecida, fortaleciendo el alma.

Eso es lo que hacía Patch Adams. En el siguiente capítulo, te hablaré de las pautas para vencer al miedo.

MIEDO

El miedo es un estado emocional, que tiene como escudero a la inseguridad, creando falta de autoestima.

El miedo es un pensamiento que nace en la mente y va convirtiéndose en sentimiento, que intenta invadir toda tu alma.

El miedo es el escudo protector que utiliza tu mente, para protegerte, para sabotearte, para crearte una sensación de inutilidad.

Si buscáramos la definición del MIEDO, tendría dos definiciones diferentes pero muy significativas.

Sensación de angustia provocada por la presencia de un peligro real… o IMAGINARIO.

Es decir… en muchos casos… es la **MENTE** quien actúa y provoca ese miedo.

Sentimiento de desconfianza que impulsa a creer, que ocurrirá un hecho contrario a lo que se desea.

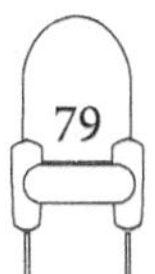

En esta frase, deja bien claro que la **inseguridad disfrazada de desconfianza** y unas **creencias creadas** por **la mente**, son el origen del miedo.

"Ser valiente, no es carecer de miedo. Si no procesarlo de tal manera que no te impida funcionar."

¿Y cómo se consigue eso?

Controlando tu mente, tus pensamientos. Dejándote guiar por tus instintos, escuchando a tu alma, dejando que las cosas fluyan.

Deja que el universo haga su trabajo, deja que el universo conspire y trabaje para ti. No le pongas obstáculos con tus pensamientos.

NO LE PONGAS BARRERAS AL UNIVERSO, CON TUS DECRETOS DE PENSAMIENTOS Y DE LENGUAJE.

Y tampoco dejes, que las personas que no te valoran, controlen tu mente, sentimientos y emociones.

NO ESPERES NADA DE NADIE, PERO ESPERA TODO DE TI.

NO TE HAGAS EXPECTATIVAS SOBRE NADIE, HAZTE Y CREA EXPECTATIVAS... SOBRE TI MISMO.

LO QUE NO DESEAS VER EN TU MUNDO, NO LO MANTENGAS EN TU MENTE.

Y ten esto muy presente...;

SI DEJAS SALIR TODOS TUS MIEDOS, TENDRÁS MÁS ESPACIO PARA VIVIR TODOS TUS SUEÑOS.

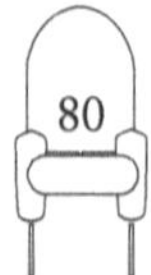

Vive seguro, vive. Vive con ternura, vive. Vive la vida tal cual, tal y como viene. No pongas el miedo como escudo.

Tus sueños, tu propósito de vida está ahí. ¿No lo ves?

Está a tu alcance. Está más cerca que nunca. Pero llegarás, lo tendrás… cuando te tenga que llegar.

Y para eso amigo/a, es imprescindible que tengas fe, que trabajes duro en tus sueños, que no te dejes amedrentar ni influenciar por el entorno tóxico.

En el siguiente capítulo, te hablare de cine, de películas muy significativas que hablan de tener fe y confianza.

El cine, al igual que el teatro, sirve para indagar en el interior del ser humano.

FE Y ESPERANZA

En este capítulo, voy a volver a mi gran pasión. Mis pasiones son el teatro y el cine. Y como ya he dicho en varias ocasiones, la vida es como el teatro y la vida es de película.

Esta vez, no te voy hablar de teatro pero sin de cine. Una vez más, voy a mencionar unas películas, en las que hablar y trata el tema de la **FE**, la **ILUSIÓN** y la **CREENCIA** en la **VIDA**.

Voy a nombrar unas cuantas películas, a mi parecer, mágicas, que habla de la vida, de la fe y de las creencias.

Son películas, representan lo que es y debe ser tener **FE**, **ILUSIÖN** y **CREENCIA**.

Son películas, que describen a la perfección, la sociedad. La sociedad de entonces. Una sociedad que se parece mucho a la de hoy en día.

Siempre se ha dicho que tanto el cine como el teatro sirve (y ha servido) para abrir los ojos y la mente a la sociedad. Para mostrar una realidad y así reflexionar.

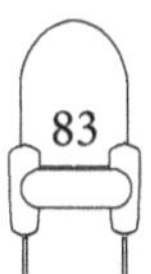

Estás películas nos enseñan la dureza y la maravilla de la vida. El miedo y cómo afrontarlo.

Las películas, al igual que la vida, están llenas de humor, ternura, amor y cierta melancolía. Como si fuera una continua montaña rusa.

Así pues, en el siguiente capítulo, te mencionaré un listado de películas que hacen referencia al miedo, desde la falta de fe y de ilusión.

En muchas películas, se demuestran que volviendo a la senda de la **FE**, se consiguen los **SUEÑOS** y los **OBJETIVOS**.

Así que, vuelve a coger el bol de las palomitas… y siéntete como si estuvieras en el cine. Puesto que, la **VIDA** es una película **MARAVILLOSA**, en el que, tu pones, tú decides el final de tu vida.

No olvides, que **tu eres el/la guionista de tu vida.** Nos vemos…

¡En la siguiente sesión!

LA VIDA EN EL CELULOIDE

La vida está representada en el celuloide, en el cine, en las películas. Y te lo voy a demostrar. Te voy a dar una lista de películas, que las tienes que anotar, apuntar… y verlas si o si.

En dichas películas, se habla de la **VIDA**, de la **FE**, de la **ILUSIÓN**, de los **MILAGROS (EXISTEN)**, de las **CREENCIAS**, del **UNIVERSO (DIOS)**, del **AMOR**… y de la sociedad. Aquí va, la lista;

LA LISTA;

1-"Qué bello es vivir"

Director- Frank Capra

2-"Milagro en la calle 34"

Director -George Seaton

3-"En busca de la felicidad"

Director- Gabrielle Muccino

4-"Los jueves, milagro"
Director- Luis García Berlanga

5-"La historia interminable"
Director- Wolfang Pedersen

6-"El mago de Oz"
Director- Víctor Fleming

7-"La última tentación de Cristo"
Director – Martin Scorsese

8-"Maria Magdalena"
Director- Garth Davis

9- "Alicia en el país de las maravillas"
Director – Tim Burton

10- "Un monstruo viene a verme"
Director- Juan Antonio Bayona

11- "La cabaña"
Director- Stuart Hazeldine

12- *"El club de los poetas muertos"*
Director- Peter Weir

13- *"LA vida es bella"*
Director- Roberto Benigni

Son trece películas, imprescindibles para entender el funcionamiento de la vida. En qué consiste la vida.

Algunas películas, ya te las he nombrado en anteriores capítulos y/o en el libro **"EL ESCENARIO DE LA VIDA"**. Con lo cual, algunas de estas te sonaran. Y quizás, hayas visto alguna.

Te podría nombrar más películas, pero creo que esas trece son las mejores, las más recomendables e imprescindibles. Son películas que habla sobre…

FE, ESPERANZA, ILUSIÓN, DIOS, UNIVERSO, CREENCIA, VIDA, PROPÓSITO DE VIDA, OBJETIVOS y… SUEÑOS.

También tratan temas como la infancia, el trabajo, el amor, la ternura. En definitiva, el concepto de la vida.

¡Ah! Y naturalmente, en todas estas películas trata el tema del miedo. De donde viene, como afrontarlo, como convivir con el miedo… etc.

Son películas de crecimiento y desarrollo personal. No me cansaré de decirte, que es el miedo lo que causa la falta de fe, de ilusión, de motivación, de esperanza… por conseguir los sueños, por llegar al propósito de vida.

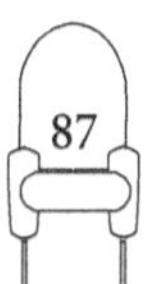

Ahora, haz el favor, de coger un día de la semana, dedícate a ver las películas que te he nombrado. Después de ver las trece películas, entenderás y comprenderás mejor la vida.

En el siguiente capítulo, te daré unas pinceladas sobre la vida y la mente.

VIDA Y MENTE

Ya te hablé sobre el significado de la vida y el protagonismo que juega la mente, en el anterior libro "**EL ESCENARIO DE LA VIDA**", incluso en este libro, he mencionado la vida y la mente unas cuantas veces.

Y es muy posible que lo vuelva hacer, hasta que te quede bien claro, la diferencia entre vivir tu vida y vivir la vida que quiere tu mente.

¡TU TIENES QUE VIVIR, TU VIDA! ¡No, la que le interesa y pretende tu mente!

¿Te acuerdas del periodista **Andrés Montes**?

Un periodista y locutor deportivo español muy conocido y muy querido. Especializado en el periodismo deportivo y en concreto en el baloncesto.

Se hizo conocido, gracias a la NBA. Es decir, era conocido porque retransmitía los partidos de baloncesto de la NBA.

También retransmitió partidos de futbol. Y también era célebre por su vestuario (la ropa que llevaba, su inconfundible pajarita).

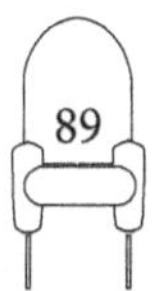

Pero también era muy conocido gracias por su manera de retransmitir los partidos.

Llenos de energía, de pasión, con una vitalidad asombrosa y muy positiva.

Nunca, jamás, salía de su boca una palabra o una frase mal sonante o negativa. Siempre con su sonrisa, con su mirada llena de vida y alegría. Alegría y pasión, era lo que transmitía.

También se hizo famoso por sus graciosas e ingeniosas frases llenas de humor y de buenas intenciones. Para todos y para todo tenía un mote o una frase en particular.

Pero tenía una frase inolvidable e inconfundible, que representaba y su forma de vida, su actitud hacia la vida.

> ## "LA VIDA PUEDE SER MARAVILLOSA"
> ### *ANDRÉS MONTES (PERIODISTA Y LOCUTOR)*

Esa frase describía su forma de ver la vida y la de trabajar. Porque él, disfrutaba como un niño (en el fondo era como un niño) trabajando.

Adoraba su trabajo y ese amor incondicional hacia su trabajo y hacia la vida, hacía que fuera un **PROFESIONAL** de su trabajo y de la **VIDA**.

Vivía sin miedo, vivía con alegría, vivía sin temor, haciendo caso omiso a su mente. **Jugaba con su alma, sacando el niño** que **llevaba dentro**.

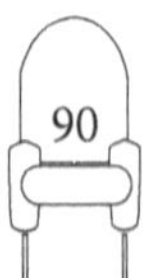

He mencionado la vida y ahora voy a mencionar la mente. Y si tengo que mencionar a la mente, mencionaré a un mentalista (ilusionista) que sabe perfectamente en qué consiste la vida

.

Jose Luis González-Panizo, también conocido como… ***Anthony Blake.***

Como he dicho, es un mentalista – ilusionista. En su web oficial, pone;

"NO VENGAS SOLO; Pon en jaque tus emociones, libera tus recuerdos más intensos y atrévete a conocer y sentir aquello que están a punto de revelarte."

Una declaración de intenciones, sin duda. En ese párrafo explicativo, señala bien claro que sus espectáculos son como la vida misma.

En sus espectáculos, al igual que en la vida, debes poner en jaque tus emociones, controlar tus emociones, liberar tus recuerdos más intensos, es decir… desgramar (desahogar) tus recuerdos para poder ser libre. Y debes atreverte a conocer tu interior, a sentir lo desconocido o lo olvidado.

La vida son sensaciones y emociones. Y muchas las tenemos escondidas por MIEDO. MIEDO a sentir… y sufrir.

Anthony Blake, aparte de mentalista e ilusionista, también es coach mentalista, desarrolla y practica gimnasia mental.

Ha participado en cine, radio, televisión, ha escrito tres libros;

"*Tu poder mental*", "**Tu poder intuitivo**" y "**Lo que sé del más allá**".

También ha impartido conferencias y cursos sobre la comunicación no verbal y programación neurolingüística. **PNL.**

La razón de citar a este mentalista, es porque es muy conocido, es un buen mentalista- ilusionista. Conoce muy bien, a la perfección los secretos de la mente.

Como despistar, engañar y convencer a su mente y a la mente de los demás. Sabe perfectamente, que el truco de la vida, por decirlo de alguna manera, es saber engañar y convencer a tu mente.

Naturalmente, que tendrá miedo como todos nosotros, incertidumbre, como todos nosotros. Pero sabe controlar y dirigir su mente.

Su mente no le controla ni le dirige su vida. Conoce la importancia de la mente en la vida.

Y como ya te he dicho en varias ocasiones, la mente es nuestro mayor enemigo, porque conoce todas nuestras debilidades.

Al término de sus espectáculos o de algún truco... siempre termina diciendo...;

"Todo es producto de tu imaginación"

"Todo lo que han visto ha sido fruto de su imaginación. No le den más vueltas, no tiene sentido"

ANTONHY BLAKE

Estas frases dejan bien claro, que la mente nos hace ver y pensar lo que ella quiere.

Muchas veces, nos pasamos día y medio, dándole vueltas a algo, que nos enrabieta. Y cuando nos vamos calmando, nos damos cuenta de que… no era para tanto. Es más… no era lo que creíamos. Porque nunca es, como nos lo hace ver nuestra retorcida mente.

Como siempre digo, si controlas tu mente, si controlas tus emociones… tendrás maravillosas sensaciones.

Tu imaginación te hará crear mundos mágicos y maravillosos, con el fin de llegar hasta tu sueño.

En dos de los tres libros de Antonhy Blake, deja patente la importancia del poder de la mente. ***"Tu poder mental"*** y ***Tu poder intuitivo"***, deja claro que tenemos poderes en la mente que tenemos que controlarlos.

Nuestro poder intuitivo es muy fuerte y que deberíamos hacerle más caso. Y ese poder intuitivo reside en el alma.

Pero… hoy en día… ¿Quién está dispuesto a hacerle frente a su mente? ¿Quién está dispuesto a dejarse llevar por el alma?

Muy pocos, esa es la respuesta. **Antonhy Blake,** al igual que tu y que yo, tiene miedo pero vive sin miedo, porque sabe controlar su miedo. Porque sabe que todo… está en la **MENTE**.

En el siguiente capítulo, te hablaré de la relación entre las reflexiones del interior (del alma) y los diálogos con uno mismo.

¡Te espero en el siguiente capítulo!

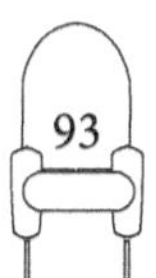

REFLEXIONES Y DIALOGOS

Deberíamos hablar más con nuestra alma. **DEBES HABLAR MÁS CON TU ALMA**.

Reflexionar con el alma es mantener un dialogo continuo y suelto. Hacer caso a nuestro instinto. Ese instinto que viene del **ALMA**.

Pero muchas veces (normalmente), las personas hacen caso omiso a ese instinto.

¿Por qué? **POR MIEDO**.

Las personas tienen miedo a su instinto. Porque para muchos/as el instinto es un desconocido.

El instinto es algo que no se ve, ni se habla en la sociedad, ni en los medios de comunicación... ni en el entorno.

Hablar, comunicarse con el (tu) alma, es dar libertad a que seas libre. **LIBERTAD PARA SER LIBRE**. Suena bien. ¿Verdad?

La gente por miedo y comodidad, prefiere lo malo conocido que lo bueno por conocer. Ya lo dije en el libro "**EL ESCENARIO DE TU VIDA**".

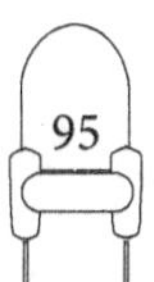

Reflexionar y dialogar con tu alma, con tu instinto es un proceso de crecimiento y desarrollo personal. Es conocerse más a fondo, es conocerse MEJOR.

Teniendo un dialogo fluido y reflexionando con tu alma, consigues entender el funcionamiento de la atracción cuántica.

Recuerda que somos lo que pensamos, lo que decimos y lo que sentimos. Somos una fuerza cuántica muy poderosa.

Pero muchos/as no se dan cuenta de ello y otros, no creen en la ley de la atracción, en la fuerza del universo.

Desde que nos despertamos por la mañana hasta que nos acostamos, estamos decretando.

A veces siendo conscientes de ello, pero muchas veces decretamos inconscientemente. Pero eso al universo le da igual.

Reflexionando con tu alma, le haces caso a tu instinto. Con lo cual, dejas en muy mal lugar a tu mente. Habla, reflexiona con tu alma… **¡DIALOGA!** No le temas a tu instinto.

Tu instinto está para ayudarte y hacerte crecer en el desarrollo personal. En el siguiente capítulo, té hablaré de los diálogos, pero en un plano universal.-

COMUNICACIÓN Y DIALOGOS

La vida se fomenta en la comunicación y en el dialogo. En una buena comunicación y en un sano dialogo.

La comunicación verbal y no verbal son muy importantes. La comunicación no verbal (muy común en los ejercicios de dinámicas de grupo en los cursos de artes escénicas y en los talleres de desarrollo personal) muestra tal y como estamos, tal y como somos.

Miradas hacia abajo, miradas ausentes, semblantes serios, sonrisas nostálgicas y melancólicas, la posición de las manos, los brazos, la manera de caminar, la manera de gesticular… todo nos delata.

Por eso mismo, siempre digo y no me cansaré de decir, que somos puro teatro, que la vida es una escena, un acto continuo que dura… toda la vida.

Y evidentemente, nuestra **comunicación NO VERBAL atrae sensaciones y situaciones.** La ley de la atracción se mueve también al ritmo de nuestra comunicación no verbal.

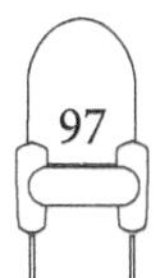

¿O pensabas que solo atraías mediante la acción de la expresión del hablar?

El universo, ve, escucha, siente… lo sabe y lo ve todo. Con lo cual, no te puedes escapar ni esconderte.

¡Ah! Y… tu comunicación no verbal está muy ligada a tus pensamientos. Tal y como sean y estén tus pensamientos, tu comunicación no verbal estará acorde de tus pensamientos.

Las persona que caminan sonriendo con paso firme y mirada al frente, sus pensamientos están llenos de positivismo. Adoran la vida y están pensando cómo conseguir su sueño.

Pero las personas que mantienen una comunicación verbal dubitativa, que no miran a los ojos, que no abren mucho la boca cuando hablan, que sus expresiones gestuales son confusas. Son personas, que están viviendo en un mar de dudas, poniendo en duda la vida.

En el anterior capitulo, te dije que te hablaría de los diálogos universales. Pero antes de meterme en ese tema, he preferido hablarte de la comunicación no verbal, que va sujeto al dialogo.

Así pues, después de hacer este paréntesis sobre la comunicación no verbal, en el siguiente capítulo te hablaré del dialogo universal.

DIALOGO UNIVERSAL

Cuando hablo del dialogo universal, estoy hablando de comunicación fluida con el universo, con el fin de atraer lo que deseas.

DECRETAR ES DIALOGAR CON EL UNIVERSO.

Se decreta, se dialoga, se da las gracias (**GRACIAS GRACIAS GRACIAS**), y luego continuamos con la vida, nuestra vida.

Nos olvidamos de esa conversación de decreto y dejamos que el universo haga su trabajo, que fluya y que llegue cuando tenga que llegar.

A esto, se le llama **ORAR**. **Hay que orar sin cesar**. Pero sin "agobiar" ni volverle loco al universo. Hay que ser claro y no confuso ni dubitativo.

Y junto al orar y al decretar…. Hay que trabajar duro por tus sueños, por tu propósito de vida. ¡Que el universo (dios) lo vea!

Dialogo y comunicación no verbal con el universo, mediante el orar y el trabajar, para que el universo

(dios) vea, que "te lo estás currando" para conseguir el sueño.

Pero hay otro tipo de dialogo y comunicación. Es un dialogo y comunicación muy importante, para que las cosas fluyan.

COMUNICACIÓN Y DIALOGO CON TU MENTE. TUS PENSAMIENTOS.

En un anterior capitulo, te hablaba de la comunicación y dialogo con el/a niño/a que llevas dentro. Esta vez también, voy hacer hincapié en ese dialogo.

Hablar todos los días con el/a niño/a que llevas dentro, hace que tu alma esté más tranquila y que tus pensamientos estén en armonía.

Dile al niño, a la niña… que llevas dentro (que eres tú, no lo olvides), que esté tranquilo/a, que no pasa nada, que todo saldrá bien, que le quieres mucho, que confías en tu instinto, que le das las gracias por protegerte y que confíe en ti.

Háblale con cariño, con ternura, con confianza, con seguridad… y le haces ver que todo está en tus manos. Y todo saldrá bien. Que estás orgullos/a de el/la.

Una cosa importante te voy a decir. Escucha bien. Si tienes contento y tranquilo al niño, a la niña que llevas dentro… tu mente estará tranquila. ¿Por qué?

Porque los niños transmiten alegría, paz, tranquilidad… siempre y cuando se les de amor y cariño.

¿Qué quiero decir con esto?

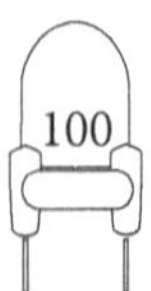

Muy sencillo. Si no te quieres, si no te amas, si no te valoras…. Entonces, no estarás queriendo ni amando ni valorando al niño (a la niña) que llevas dentro.

QUIERETE, AMATE, VALORATE. ERES TU CONTIGO MISMO/A.

Solo así, mantendrás al niño, a la niña, que llevas dentro (en tu alma) tranquilo y feliz. De este modo, tendrás la mente tranquila y en paz, sin pensamientos negativos.

El niño que llevamos dentro, es como un termómetro que regula nuestros pensamientos y mantiene en raya a nuestra mente. Al mismo tiempo, son como **EL METRÓNOMO**.

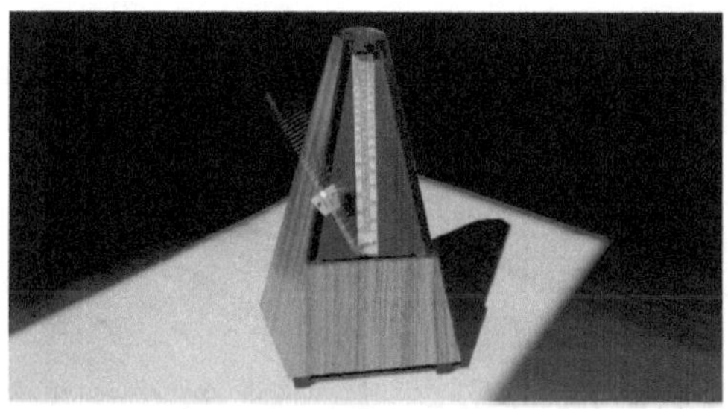

En nuestra alma tenemos un metrónomo que controla nuestras sensaciones, mantiene vivo nuestro instinto y mantiene a raya los pensamientos de la mente.

Y ese metrónomo… es el niño, la niña que llevamos dentro de nosotros.

ALMA Y MENTE DEBEN ESTAR UNIDAS.

Solo así podrás conseguir que tus pensamientos no te alteren la vida, no atraigas lo negativo, que el miedo no sea el protagonista de tu película, llamada **vida**.

ALMA Y MENTE UNIDOS, POR NUESTRO METRÓNOMO.

Y para eso, lógicamente, es fundamente tener una buena comunicación, un dialogo fluido con nuestro interior, con el/A niño/a que llevamos dentro.

Y créeme, el universo te vigila, te observa y sabe todo acerca de ti. Tu actitud hacia la vida, te delata.

Entiende el proceso de la vida, deja que las cosas fluyan. Mantén una comunicación y un dialogo fluido, constante.

¡Y NO TENGAS MIEDO! NO ESTÁS SOLO/A. ESTÁS PROTEGIDO. Y TODO CONSPIRA A TU FAVOR.

Pero… tú también debes poner tu granito de arena. Tienes que trabajar tu sueño y tu interior.

Hay una manera muy sencilla y divertida (peculiar y extraña para algunos/as) de ejercitar el potencial del interior, poniendo a raya al mismo tiempo, a la mente.

¿Cómo? ¿Cuál es?

Bueno… en el siguiente capítulo lo veras y lo sabrás.

HABLANDO CON UNO MISMO

Este capítulo te va a divertir, te va a gustar, te va a parecer peculiar, curioso… llamativo pero muy interesante a la vez.

Te voy hacer una pregunta. Y quiero que seas sincero/a. ¿Vale? Tu respuesta solo, la vamos a saber tu, yo y tu mente.

¿Qué opinión tienes sobre… las personas que hablan solas?

Esas personas que mantienen un dialogo… con ellos/as mismos/as.

Porque supongo que alguna vez habrás visto a alguna persona hablando sola, dialogando, incluso gesticulando… o incluso discutiendo con ellos mismos.

Y espero que tu primera reacción, no fuera… "Que pobre. Un borracho", o… "Que pobre. Que daño hacen las drogas".

¿Tú nunca has hablado solo/a?

¿Alguna vez, has hablado solo/a?

No hace falta que me respondas. Respóndete a ti mismo/a de la manera más sincera.

Siempre se ha dicho, que las personas que hablan solas, son personas inteligentes. Eso no lo sé, hasta ahí no llego. Pero si que sé, que son personas muy curiosas, muy ingeniosas, muy creativas e imaginativas.

Antes, se les tachaba de locos/as. Para que veas, que daño hace la ignorancia.

En la antigua Roma, en la antigua Grecia, el hablar solo era sinónimo de estar cuerdo, de ser inteligente, de saber controlar su mente, de saber escuchar a su alma.

A las personas que hablan solas, se dice que mantienen un soliloquio. Otros lo llaman pensamiento. Es como si nuestro pensamiento hablara por nosotros. Y en cierto modo es así.

Cuando se piensa en voz alta se está pensando las cosas en varios planos.

Primero existe la imagen mental que tenemos acerca de la cosa en la que estamos pensando y luego, al decirla en voz alta, **la estamos acercando a la acción. Hablar es un acto, que tiene efectos importantes en nuestro mundo circundante**

"Cuida tus pensamientos, se convierten en palabras. Cuida tus palabras, se convierten en acciones. Cuida tus acciones, se convierten en hábitos. Cuida tus hábitos, se convierten en tu carácter. Cuida tu carácter, se convierte en tu destino."

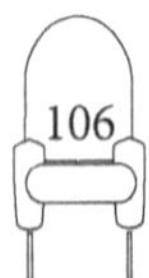

Se ha demostrado que ciertas personas reconocidas por su inteligencia solían decir sus pensamientos en voz alta, **Albert Einstein** era una de ellas.

Hablar en voz alta nos refuerza nuestros aprendizajes, nos ayuda a organizar nuestros pensamientos y también a calmar los nervios.

Si estás en un momento donde sientes la cabeza saturada y desorganizada, una buena forma de ayudarte es decir tus pensamientos en voz alta; hablar contigo mismo te será de buena ayuda.

Nos ayuda a lograr nuestros objetivos porque ponemos atención, sobre todo en aquello que estamos diciendo, refuerza nuestras creencias, nos entrega perspectiva, nos ayuda a regular nuestras emociones y a evitar distracciones innecesarias.

Las personas que hablan consigo mismas se han dado el tiempo de escuchar su voz interna, se logran conocer aún más, refuerzan lo que piensan.

Lo que te puedo dejar claro, es que, las personas que hablan solas, **NO SUFREN DE INESTABILIDAD MENTAL**. Precisamente, **CONTROLAN SUS PENSAMIENTOS, DIALOGAN Y DISCUTEN.**

YO HABLO SOLO. MANTENGO UNAS CONVERSACIONES MUY INTERESANTES CONMIGO MISMO.

Esas conversaciones, son como si estuviese aprendiendo mi personaje de un guión teatral (no olvides que la vida es puro teatro, como una obra teatral).

Para mí es una herramienta muy importante para controlar mis pensamientos, para decretar y vivir mis sueños en un aquí y ahora.

El hablar solo, viene muy bien **PARA PODER RESOLVER CONFLICTOS QUE ESTÉN CAUSANDO PROBLEMAS.**

Bueno, espero que te haya aclarado que el hablar solo es beneficioso y necesario para controlar esos pensamientos.

Te va a parecer extraño lo que te voy a decir, pero… cada vez que he tenido un conflicto con algo o alguien, he sacado el proceso interno al exterior, es decir, lo he verbalizado, he hablado con el conflicto, discutido con el conflicto. ¿Y sabes lo que ha pasado?

Pues que ese conflicto se estabilizó, dejó de ser un problema. Como si el universo me hubiera escuchado y hubiera arreglado ese conflicto.

De tal manera, que al llegar al lugar o persona que la que existía el conflicto… de repente, todo se normalizaba, todo se arreglaba y dejaba de ser un conflicto y un problema.

Llamativo. ¿Verdad? Era como si sacara a la luz el conflicto, el problema. Comunicación verbal y no verbal en estado puro.

Pero mi mente también se cansaba, se relajaba y era entonces cuando el universo hacía su trabajo.

El hablar solo también es sinónimo de desahogarse, de desgramar. Y eso significa mandar al carajo al miedo. Desgramar es enterrar el miedo. Así que, no temas, que no te de vergüenza.

¡HABLA! DIALOGA CONTIGO MISMO/A.

Todo va unido. Pensamientos, miedo, hablar solo, desgramar, comunicación no verbal, verbal, dialogo… etc.

Y el universo (dios) por encima observando, conspirando, corrigiendo y trabajando para nosotros. Por eso mismo, **hay que tener FE. CONFIAR EN EL UNIVERSO**.

En el siguiente capítulo, te voy hablar de una casa muy especial. **LA CASA DE LOS CUERDOS**.

LA CASA DE LOS CUERDOS

"*LA CASA DE LOS CUERDOS*", es una casa muy peculiar y especial. En donde nada es lo que parece ser.

"*LA CASA DE LOS CUERDOS*" es una obra teatral, que está escrita en formato libro (pero es una obra teatral. Formato teatro) que la he escrito yo y está a la venta en Amazon y muchas librerías de España.

"*LA CASA DE LOS CUERDOS*" es un centro de salud mental, en donde no hay pacientes y si residentes. No hay médicos ni enfermeras y si monitores, celadores y docentes.

"*LA CASA DE LOS CUERDOS*" es un lugar, al que van las personas cansadas, agotadas de la sociedad.

Las personas que no pueden ser ellos/as mismos. Las personas "enfermas" debido al entorno. Un entorno con leyes, normas y que no deja a las personas ser diferentes.

Estás personas que va a este centro de salud mental, son personas catalogadas como enfermas.

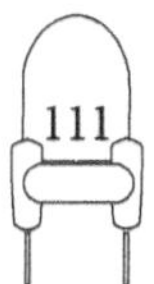

SON ETIQUETAS QUE PONEN LOS/AS IGNORANTES DE UNA SOCIEDAD DE VIEJAS CRENNCIAS (del miedo).

En esta casa, la cual se llama, "La casa de los cuerdos", pueden hacer lo que quieran, siempre y cuando respeten al prójimo y las normas de convivencia.

Esta casa para estas personas "enfermas" es como un balneario.

Son personas con brotes psicóticos, obsesivos compulsivos, sociópatas, con alteraciones de la personalidad… etc.

¿Y porque no toman medicación?

Porque la medicación les ocultaría su verdadera personalidad, la medicación no les dejaría pensar, dialogar con su mente, investigar las razones de su estado emocional.

En "La casa de los cuerdos", los residentes (pacientes) se muestran tal y como son, se visten como quieren y se comportan como quieren, pero siempre respetando al prójimo.

Es una obra muy divertida, entretenida, en el que toca muchos temas.

La ley de la atracción, el universo, los pensamientos negativos y positivos, la actitud positiva… ser fiel a uno/a mismo/a… etc.

"Martín Labeaga, se acaba de licenciar en psiquiatría y hará las practicas en un centro de salud mental... peculiar, en donde nada es lo que parece. La casa de los cuerdos es un centro diferente.

Vivimos en una sociedad artificial. Estresada. Corrompida. Las locuras de los que habitan en LA CASA DE LOS CUERDOS les mantendrán a salvo del caos que reina en el mundo.

Solo en esta institución... en la casa de los cuerdos, estarás a salvo de la sociedad.

Es una obra de crítica social y humor absurdo que se fusionan a la perfección. "

Fragmentos y resumen de "La casa de los cuerdos"

Es un libro, una obra teatral para ovejas negras. Para personas que no desean formar parte del rebaño de ovejas blancas que deambulan por el asfalto de la mediocridad.

Es una obra de crítica social, de humor absurdo y desternillante. Una obra que refleja perfectamente el mundo (sociedad) en el que vivimos (muchos sobreviviendo).

Pero te voy a contar una cosa más. Este centro de salud mental, en la realidad existe. Cuando escribí la obra teatral, ignoraba que existiera este tipo de centro de salud mental.

Pero me picó la curiosidad, empecé a indagar y... ¡Zas! ¡Sorpresa!

Pude comprobar que en la actualidad existe un centro de salud mental, en el que, no se le administra medicación a los residentes (pacientes).

Este centro está en Noruega. En la ciudad de **Tromso**. Y se llama **ASGARTH**.

En el centro de salud mental **ASGARTH**, no se administran medicamentos a los que allí residen. Y en el caso de administrárselos, es bajo la responsabilidad del residente (paciente).

¿El motivo?

Para hacer la guerra a la industria farmacéutica. Y porque los residentes no querían estar medicados las 24 horas, se sentían como si estuvieran drogados.

Los terapeutas y médicos, después de varias reuniones y pensárselo unas cuantas veces, vieron que podía ser una buena idea.

Decidieron darles la oportunidad de vivir sin estar medicados. Esta oportunidad, a los residentes, les brindaba la posibilidad de ser conscientes de su actitud, de su estado emocional, de tener libertad absoluta para ser como ellos quieran, de hacer lo que quisieran, pero dentro de unas normas y unos respetos claro está.

De esta manera, los residentes (pacientes) iban a tener la posibilidad de conocerse mejor a ellos mismos, ser conscientes de sus miedos, de su personalidad. Indagarían en su interior para averiguar el porqué de estar en el centro de salud mental.

En definitiva, antes de tomar cualquier medicación, piénsatelo dos veces y sé consciente porqué lo

tomas. Cualquier cosa que tomes, siempre afectará a tu estado emocional, mental y digestivo.

Para ir terminando con este capítulo, te diré que "**LA CASA DE LOS CUERDOS**" es una obra, un libro imprescindible para cualquier persona que le guste el teatro, los temas del crecimiento personal, del desarrollo personal, de la ley de la atracción… etc.

Te reirás mucho. Te lo puedo asegurar. En la casa de los cuerdos, estarás a salvo de la sociedad. Por cierto, el libro "**LA CASA DE LOS CUERDOS**", es de la **editorial PUNTO DIDOT**.

En el siguiente capítulo, te hablaré de la teoría de la **GESTALT**.

LA TEORIA DE LA GESTALT

¿Conoces la teoría de la **Gestalt**? ¿Has oído hablar alguna vez, de la teoría de la **Gestalt**?

Seguro que si. Pero aun así, te voy a explicar muy brevemente, en qué consiste esta teoría.

De la misma manera que hay una teoría, existe una terapia. La terapia de la **Gestalt**, forma parte de la psicología humanista y se caracteriza por su intención de favorecer el crecimiento y el desarrollo personal (el potencial) del ser humano.

La terapia de la Gestalt, ayuda a superar los síntomas negativos de la persona, de liberarse de todos los bloqueos que tenga en su vida para que así, pueda ser libre, pueda crecer y pueda autorrealizarse.

La teoría de la Gestalt, es una forma de entender la psicología, basada en principios **holísticos** y rompiendo el paradigma del viejo **conductivismo** (viejas creencias).

La teoría y la terapia de la Gestalt, humanista y conductivista, trabaja sobre el concepto de las cosas, de los objetos.

La mente, los objetos, las cosas…. Cada uno lo identificamos y lo percibimos de una manera diferente. Cada persona es un mundo y percibimos las cosas, las situaciones de una manera u otra.

La teoría de la **Gestalt**, se dedica al estudio de la percepción humana. Para la **Gestalt**, el ser humano organiza sus percepciones como totalidades, como forma o figuración.

La terapia de la **Gestalt**, ayuda a la persona a sobreponerse a los síntomas de bloqueo, le ayuda a ser más creativo, más libre y que trabaje en su autorrealización y crecimiento personal.

La teoría de la **Gestalt** está muy ligada a los pensamientos, a los sueños y a la percepción de la vida.

La teoría de la **Gestalt**, tiene sus principios, y sus leyes. Pero antes de entrar en los principios y en las leyes, te hablaré en el siguiente capítulo de la formas y de las figuras.

FIGURAS Y FORMAS

Está claro, que la terapia de la **Gestalt** viene de la teoría de la **Gestalt**. Y la teoría de la **Gestalt** viene de Alemania, a principios del siglo XX, como reacción a la psicología conductista.

La teoría de la **Gestalt**, dice que todos creamos en nuestra mente imágenes más o menos coherentes sobre nosotros y sobre lo que nos rodea.

Coincido plenamente con esta teoría, puesto que todos interpretamos la realidad y tomamos decisiones sobre ella en base a estas "formas" o "figuras" mentales que vamos creando sin darnos cuenta.

¿Sin darnos cuenta?

Bueno… si controlamos lo que nos rodea, si controlamos nuestra mente, si somos conscientes del poder de atracción del universo…

¡Si que podríamos darnos cuenta de lo que creamos con esas figuras mentales!

Por eso, en la terapia de la **Gestalt**, el objetivo es que el paciente pueda comprender ciertos problemas

en un sentido global, para que pueda desarrollar sus potenciales.

Dentro de la teoría de la Gestalt, se han ido formando leyes, que explican los principios por los que dependiendo del contexto en el que nos encontremos, percibimos ciertas cosas y no otras.

Las leyes de la Gestalt, fueron propuestas en un inicio por el psicólogo **MAX WERTHEIMER**. Y sus ideas fueron desarrolladas y reforzadas por los psicólogos, **WOLFGANG KHOLER** y **KURT KOFFKA**.

IMÁGENES Y FORMAS

Figuras y formas llamativas, curiosas, preciosas… llenas de misterio.

Son figuras y formas que dejan que tu visión vea lo que quiera y tu mente, lo interprete como le da la gana. Y así, somos todos. ¿No?

Cada cual, ve e interpreta lo que quiere, lo que le interesa y muy pocas veces… lo que es la realidad. Por eso mismo, debemos controlar nuestra mente.

La libertad de ver y de interpretar debe ser nuestra. Pero esta "libertad" de concepto de figuras y formas, tienen unos principios y unas leyes. Y esos principios y leyes, los verás y las sabrás en el siguiente capítulo.

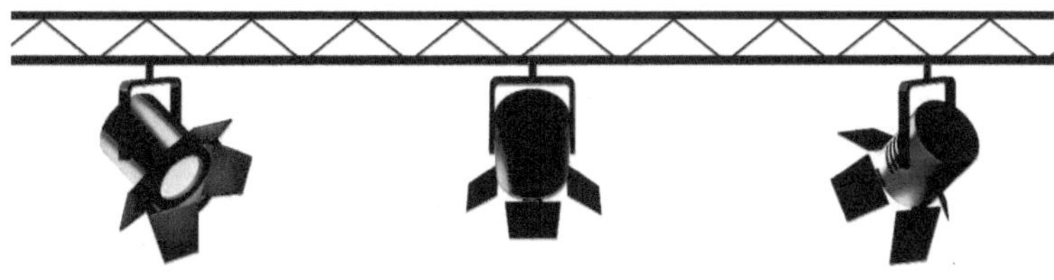

PRINCIPIOS Y LEYES

La terapia de la **Gestalt** se basa lógicamente en la teoría de la **Gestalt**. Y la teoría de la **Gestalt** tiene unos principios y unas leyes.

La ley más importante que da una idea sobre la lógica por la que se rige la generación de percepciones como un todo es la *ley de la buena forma*.

Según la cual lo que percibimos con mayor exactitud y rapidez son aquellas formas más completas pero, al mismo tiempo, más simples o simétricas.

Pero hay más leyes de la Gestalt. Otras teorías de las leyes de la Gestalt, son;

Ley de la figura-fondo: no podemos percibir una misma forma como figura y a la vez como fondo de esa figura. El fondo es todo lo que no se percibe como figura.

Ley de la continuidad: si varios elementos parecen estar colocados formando un flujo orientado hacia alguna parte, se percibirán como un todo.

Ley de la proximidad: los elementos próximos entre sí tienden a percibirse como si formaran parte de una unidad.

Ley de la similitud: los elementos parecidos son percibidos como si tuvieran la misma forma.

La ley de cierre: una forma se percibe mejor cuanto más cerrado está su contorno.

Ley de la compleción: una forma abierta tiende a percibirse como cerrada.

Supongo que te habrá parecido raro, la definición de estas leyes, ¿No es así?

Bueno, tranquilo/a, al principio si que parece raro y complicado de entender, como todo. Pero si lees atentamente, verás que tiene mucha lógica.

Estas leyes, al igual que la teoría de la Gestalt y la terapia de la Gestalt, todo se basa en… la **MENTE. COMO PERCIBIMOS NOSOTROS EL ENTORNO, LOS OBJETOS, FORMAS, FIGURAS… ETC.**

Y como siempre te digo, **si controlas tu mente… controlarás el entorno y tu vida**. Pero….

¿Cómo son estas "formas" según la teoría de la Gestalt?

La teoría de la Gestalt, dice que una imagen mental no es realmente una imagen visual.

La teoría de la Gestalt, propone un enfoque psicológico en un papel activo, construyendo unidades de significación hacia las experiencias.

De esta forma, se puede reestructurar las "formas" mentales para adoptar puntos de vista más útiles y podamos tomar mejores decisiones hacia los objetivos.

Por último decir que la teoría de la **Gestalt**, niega que exista un "todo" perceptivo que esté compuesto por el conjunto de datos que van llegando a nuestro cuerpo.

Todos creamos en nuestra mente imágenes más o menos coherentes sobre nosotros y lo que nos rodea.

Estas imágenes no son la simple unión de las secuencias de información que nos llegan a través de nuestros sentidos, sino que son algo más.

Cada día, son más profesionales, los/as que aplican la teoría de la **Gestalt**, así como sus leyes y principios a sus modo de trabajo.

No solo, psicólogos, sino otros muchos terapeutas, docentes y directores de teatro, arquitectos/as e ingenieros/as… etc.

Pero recuerda que… **¡TODO ESTÁ EN TU CEREBRO! LA MENTE PERCIBE Y CONTROLA.**

Con lo cual, sé quien controle el entorno, los contextos, las formas, la figuras… **¡TODO**! Solo así, conseguirás llegar a tus objetivos.

La **Gestalt** está en nuestras vidas, aprovéchalo, aprende de la **Gestalt**, sácale fruto puesto que, es muy posible que te pueda llevar hasta tu propósito de vida.

Ya sabes… depende mucho de tu percepción. Y en este caso, la percepción de la vida. Y depende como lo enfoquemos… veremos una cosa u otra, iremos por un camino u otro.

En el siguiente capítulo, te hablaré del vaso. Hay vasos llenos, vacío… y… medio llenos y medio vacíos. La vida… es como un vaso.

¿Tu como ves el vaso?

Coge tu vaso, que te espero en el siguiente capítulo.

EL VASO

Déjame decirte que **la vida es como un vaso**. A veces el vaso está a rebosar, otras veces vació. Sin embargo, algunas veces, está medio lleno o medio vacío.

Y todo esto sucede porque… depende de cómo lo veamos nosotros. Aquí, la teoría de la **Gestalt**, se cumple.

La percepción de las formas y figuras, son la percepción de la vida. Y la vida, muchas veces, la metemos en un vaso. A veces con agua, otras veces sin agua… algunas veces medio lleno y otras veces… medio vacío.

Hay personas que ven el vaso medio lleno, otras personas medio vació… y otros en cambio el vaso lleno o vació, que pasan de un extremo a otro con suma facilidad. Sus vidas son como una montaña rusa sin frenos.

¿Y tu como lo ves? ¿Cómo ves tu vida? ¿Cómo está tu vaso? ¿Cómo ves tú vaso?

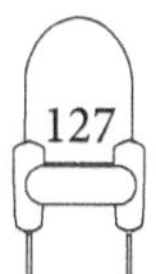

Muchas preguntas en una misma frase. ¿Verdad? Pero todas tienen una misma respuesta. ¿Cuál es la tuya?

El vaso siempre debe estar lleno pero sin rebosar. Y debemos el vaso (la vida) llena o medio llena en el peor de los casos.

¿COMO ESTÁ TU VASO?

La percepción que tengas de tu vida, de la vida… es la percepción que tendrás de tu vaso. Y tu vaso estará…

Dependiendo del control que tenga tu mente sobre ti. Si controlas tu mente, tu vaso estará lleno o medio lleno. Si tu mente, te controla, tus miedos te aturullan… entonces… tu vaso estará vacío o medio vacío.

Ahora, te voy a mostrar un pequeño esquema de lo que representa los vasos en la vida de las personas. Las personalidades y el carácter de las personas, se escenifican en cómo ven el vaso.

Desde mi punto de vista como artista y optimista en potencia, soy optimista pero realista al mismo tiempo, me identifico con el vaso del artista, del realista, del optimista y con el físico.

¿Y TÚ? ¿COMO ES EL TUYO?

Lo que si tengo claro y quiero hacértelo ver, es que, tu vaso que esté lleno o no, no depende de que seas optimista, realista, artista o… lo que sea.

Depende… si tienes miedo, si llevas una mochila llena de piedras o no, si te dejas dominar por tu mente o no y si la inseguridad ha vencido a tu seguridad.

El tener miedo o no, hace que veamos el vaso (la vida) de una manera u otra. Por eso algunos/as, se ahogan en su propio vaso.

¡BEBETE LA VIDA DE UN SORBO, PERO SIN AHOGARTE!

A veces, queremos comernos el mundo y… el mundo nos come a nosotros. Nos bebemos el agua de nuestro vaso lleno a rebosar… y nos ahogamos (agobiamos).

Sé consciente de tu inconsciente, domina tu mente para dominar la percepción que existe a tu alrededor.

Muchas veces, no somos conscientes de la belleza de la vida y de todas las maravillas que nos rodea.

Incluso lo peor puede llegar a ser lo mejor. Una maravilla. Porque de lo peor… se aprende y se crece. Es la ley del universo cuántico. **TODO SUCEDE POR ALGO**.

Nada es casual. En el siguiente capítulo, haré un pequeño inciso.

Un inciso en los últimos temas que he hablado, incluyendo un antiguo tema del anterior libro, "**EL ESCENARIO DE LA VIDA**".

Será un inciso muy importante puesto que te hará ver y comprender la importancia de ciertas cosas y sus similitudes.

Porque… la vida aunque sea un cumulo de cosas ilógicas, tiene causa lógica.

Te espero en el capítulo de toda lógica. Todos estamos cortados del mismo patrón, pero en nosotros está, si queremos ser diferentes o no.

EL VASO, LA GESTALT Y EL ENEAGRAMA

¿Te acuerdas del eneagrama? El tema del eneagrama estaba en el libro anterior, en "**EL ESCENARIO DE LA VIDA**"

¿Te acuerdas lo que era el eneagrama? ¿Quieres que te refresque la memoria?

El eneagrama de la personalidad es un mapa de personalidad, una tipología útil como camino del autoconocimiento y del crecimiento y desarrollo personal.

El eneagrama se divide en tres triadas. Los/as emocionales, los/as mentales y los/as instintivos/as. Hay 9 eneatipo de personalidad.

Cada eneatipo es un carácter, una pasión. No te voy a volver hablar de nuevo sobre los 9 eneatipos pero espero que los recuerdes.

Pero las nueves pasiones del eneatipo son;

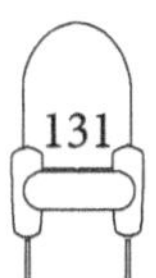

Avaricia, ira, orgullo, lujuria, gula, envidia, pereza, vanidad y MIEDO.

Los eneatipos;

1- Ira. Su ira lo transforma en normas y leyes.

2- Altruistas, despegados, pero con la necesidad que los demás le necesiten.

3- Sinceros, productivos, la vanidad les seduce. Les encanta gustar a los demás.

4- Son envidiosos, están pendientes de los demás y creen que nunca tendrán aquello de lo que carecen. No obstante, son empáticos y creativos.

5- Son observadores y buscan la autosuficiencia. Despegados y generosos. Se caracterizan por la avaricia.

6- Su fijación es el MIEDO. Imaginan siempre los peores escenarios. Fingidores de autoconfianza. Pero son valientes, leales y muy buenos compañeros.

7- Huyen del presente planificando posibles futuros. Son insaciables de la vida, llenos de gula.

8- Imparten justicia a su manera. Dividen el mundo entre débiles y fuertes. Su fijación es la lujuria o el exceso.

9- Son pacificadores. Les frena la pereza. Evitan siempre el conflicto y eso hace, que muchas veces, se alejen de sus sueños, esos y propósito de vida.

Bien… ¿Y cuál eres tú? Supongo que con este breve resumen, te habré refrescado un poco la memoria ¿No?

¿Por qué te hablo ahora de esto de nuevo?

Porque el **eneagrama**, **los eneatipos**, **las triadas**, **las diferentes personalidades**… **van sujetas a la teoría de la Gestalt.**

Es inevitable hablar de la terapia y/o de la teoría de la **Gestalt** y no hablar del eneagrama y sus eneatipos. Van de la mano.

Y evidentemente, la **Gestalt** y el **eneagrama**… tienen mucho que ver con **la vida**, con los vasos. De cómo vemos **los vasos de la vida**.

Y como no, el miedo, las inseguridades y la falta de autoestima están sujetas a la teoría de la **Gestalt** y a los **diferentes eneatipos**.

Por eso mismo, muchos/as son más propensos a tener miedo, inseguridades y estar faltos de confianza.

Cada eneatipo es un mundo. Hay eneatipo que atraen el miedo, la inseguridad y la falta de autoestima.

No obstante todo tiene solución. El que seas propenso a la atracción del miedo y de las

inseguridades, **estás sobradamente capacitado/a para huir y/o enterrar el miedo para siempre.**

¿Te ha quedado claro? Que tu eneatipo no te condiciones, que tu entorno (familia, amigos, pareja… sociedad) no te condicione.

TU PUEDES CONSEGUIR TODO LO QUE TE PROPONGAS. Siempre y cuando… tengas las cosas claras y que busques realmente lo que deseas.

Un eneatipo define nuestra personalidad pero no nos impide conseguir el sueño, nuestro propósito de vida.

Y para eso está la teoría de la **Gestalt** y más en concreto, la terapia de la **Gestalt**.

La mente muestra su percepción sobre el concepto (ya sea una figura, una imagen, una idea… una situación…etc) y nosotros, tragamos. Y en consecuencia, vivimos atemorizados, atenazados… en un sin vivir, con el miedo como única bandera.

Y de sobra sabes, que el miedo trae inseguridad y falta de autoestima.

Y para eso está **la teoría de la Gestalt**, **los terapeutas de la Gestalt**, para ayudarte a enfocar la percepción de los conceptos, para que lo veas todo más claro, más nítido, con mayor positivismo. Y de esta manera, ayudarte en la autorrealización.

Y con la autorrealización se llega a algún lugar sobre el arco iris, y así conocer tu propósito de vida y alcanzar tus sueños.

¡Ah! Se me olvidaba. Cada eneatipo es diferente, con lo cual, cada eneatipo ve el vaso de una manera diferente.

Algunos lo verán medio lleno, otros medio vació… otros vacío y otros a rebosar. Cada eneatipo es un vaso.

Y como he dicho… **la vida es un vaso de agua**. **Y el agua… ES VIDA**.

En el siguiente capítulo, te hablaré sobre la libertad. Los sueños… y la libertad.

¿Estás preparado/a para soñar el libertad?

Contéstame en el siguiente capítulo.

SUEÑOS DE LIBERTAD

Dicen que soñar es gratis. Dicen que cuando estamos dormidos soñamos con nuestros sueños o con nuestros miedos. Dicen… que los sueños… sueños son.

Pero… yo digo, que los sueños… son reales porque se pueden convertir en realidad. A veces los sueños se convierten en pesadillas porque aparecen nuestros miedos.

Nuestros miedos habitan en nuestro interior, son pequeños monstruos con tendencia a crecer. Y si esos monstruos, les dejamos crecer… ¡Nos engullen, nos devoran!

Por eso mismo, los sueños para que sean maravillosos debemos creer en ellos, tener fe en la posibilidad de alcanzar nuestros sueños y no tener el temor a no alcanzarlos.

El temor a no alcanzar los sueños… termina convirtiéndose en una pesadilla. Los sueños están para vivirlos y sentirlos tuyos.

Sueños de libertad. Hay que ser libre para soñar.

Hay que tener libertad en uno mismo para soñar despierto. Y la libertad hay que ganársela a pulso.

¿Y cómo se gana uno, esa libertad para soñar? Muy fácil.

No teniendo miedo. No teniendo miedo al fracaso, a no alcanzar ese sueño.

El preso que sueña con la libertad termina siendo libre, pero el preso que teme que nunca jamás será libre… termina siendo preso de si mismo y del sistema.

Hay una canción del cantante *"Rosendo"*, que se titula ***"Flojos de pantalón"***, que habla precisamente de esto.

Me considero un fan de *Rosendo"*, me encantan sus canciones. Las letras de sus canciones están llenas de mensajes, significado y de mucho amor hacia la vida.

Precisamente, en la canción ***"Flojos de pantalón"***, habla de una vida artificial en donde se ha perdido la ilusión por la vida, se ha perdido la motivación por vivir.

En esa canción, hay frases como "sueño de libertad", "fuerza de voluntad", "renegado de tu tiempo".

Es una canción que critica duramente y abiertamente a la actual sociedad, que está obsoleta y que carece de sueño y de voluntad.

Hay otra canción de *"Rosendo"* que se titula ***"Agradecido"***. Y habla precisamente de estar agradecido. Aunque en esta canción habla sobre una mujer, una artista, al cual él está muy enamorado

y le dice que está agradecido por permitir que esté junto a ella.

En líneas generales, la canción habla de agradecimiento, de estar y ser agradecido.

En cierto modo, la canción también habla sobre la valentía y la fuerza que posee uno en su interior. Y lo dice bien claro, en esta frase;

"No te lo pienses más, baja la guardia y mira atrás, nadie te va alcanzar. No tienes rival."

ROSENDO (CANTANTE)

Las canciones hablan del miedo, de pedir perdón al universo, de la fuerza interior, de soñar despierto, de alcanzar tus metas, de amar a la vida… etc.

Lo que pasa es que casi nunca, nos hemos puesto a pensar detenidamente en las letras de las canciones. Las canciones nos hablan de la vida, del amor hacia la vida, hacia el prójimo, hacia uno mismo.

Las canciones están llenas de mensajes. Tú decides si coges y aceptas esos mensajes elaborados y ocultos bajo la melodía.

Sueños de libertad… y cuando uno sueña ya es libre. Soñar es libre porque proporciona libertad.

Para alcanzar los sueños, nuestro propósito de vida, es imprescindible sentir la sensación de libertad en nuestro interior.

Todos tenemos un don, una virtud… nunca es tarde para sacar la magia que llevamos dentro. Y para eso, es muy importante valorarse, quererse, amarse… aceptarse.

El cine también está lleno de películas que hablan directa o indirectamente sobre el proceso del crecimiento y desarrollo personal.

En los recientes premios GOYA del cine español, entre los premios, hay un premio muy especial para una actriz muy especial de una película muy dura y muy buena.

Me refiero, a la actriz **Benedicta Sánchez,** que obtuvo el premio a la **mejor actriz revelación**, por la película *"Lo que arde".*

La película es muy buena pero su interpretación es maravillosa. Tan maravillosa como es ella. Una mujer de 85 años, es fotógrafa y actriz. No era una mujer conocida hasta… ahora.

Todos hablan maravillas de su interpretación, yo prefiero hablar maravillas de ella como persona y de su actitud hacia la vida.

Es una mujer que ama la vida, la entiende, la comprende, la soporta, la adora… y saca el jugo de la vida hasta la última gota.

Esta mujer si que tiene sueños de libertad a sus 85 años. Es el fiel reflejo y prueba que la edad es tan solo un número. Un número no nos puede condicionar.

> **"Cada arruga es un diploma para mí. La experiencia me dice que hay que aceptar y no luchar contigo misma"**
>
> **BENEDICTA SANCHEZ (ACTRIZ Y FOTÓGRAFA)**

Una frase que lo dice todo. Acepta lo que viene, acepta la vida, acéptate… no te pelees con el mundo, no luches contigo mismo/a. Haz de la vida tu hogar.

¿Recuerda el cuento de los tres cerditos? Pues… **tu eres el/la cerdito/a y el lobo es el MIEDO, que quiere derrumbar tu casa**. Y tu casa… es la vida.

Sueños de libertad, sueña con la libertad, con la libertad de ser y estar libre, porque realmente… **¡ERES LIBRE!**

En el siguiente capítulo, te hablaré de colores… y olores.

COLOR Y OLOR

La vida está llena de colores. Colores vivos y bonitos, que rezuman alegría y pasión. Como el rojo, verde, azul…

Y hay otros colores que inspiran miedo, negativismo y oscuridad. Como negro, marrón, morado…

Pero lo oscuro y negativo es relativo porque lo podemos convertir en algo positivo. Por ejemplo, a mi me encanta el color negro, y debo decir que me sienta muy bien. Jeje.

En las artes escénicas es muy frecuente utilizar prendas, ropas y vestuario de color negro pero que el decorado, la escenografía esté lleno de colores vivos y alegres, a no sea que pretendas dar una imagen o sensación de misterio, penumbra u ocultismo, claro está.

Pero a lo que voy, el color de una prenda, de un jersey o pantalón no nos convierte en negativos y positivos. Nosotros, somos los que le damos la alegría y el color positivo a nuestro vestuario.

Si es que verdad, que la gente negativa o muy negativa viste… con colores oscuros y ropa triste (Ropa triste no es ropa vieja, ni de segunda mano. Ropa triste es ropa mal cuidada y mal llevada).

Pero nosotros decidimos, que estado emocional le damos a la ropa. Al vestirnos, nuestro vestuario independientemente de color sea, llevará nuestro sello, nuestro estado emocional, nuestra pureza, nuestro olor.

Y aquí es cuando entro, a hablarte sobre el olor. Cada persona tiene un estilo de andar, de ser, de comportarse… y de oler.

Cada uno/a, olemos de una manera. Y no tiene nada que ver, el perfume o colonia que usemos, o si usamos o no.

Nuestras hormonas, las hormonas de cada uno/a segrega un olor característico de cada persona.

Os recomiendo que veáis, la película **"El perfume"** del director *Tom Tykwer*. Es una película, en la que se une la fantasía, el humor y el misterio. Muy buena película.

En esa película verás, la importancia del olor en el ser humano y la atracción del olor en el ser humano.

El olor del ser humano está atado a la ley de la atracción. No solo, atraemos mediante nuestro lenguaje, nuestros pensamientos y nuestro estado emocional.

Sino también… mediante el olor. Cada persona tiene un olor muy característico. Siempre se ha dicho, que, la atracción entre dos personas, no tiene nada

que ver el físico, los ojos, el pelo (que puede influir también algo) sino que... el olor que desprende las hormonas.

La química del amor tiene un olor. Desprende un olor muy característico también.

Tanto el hombre como la mujer, desprenden un olor llamado, feromonas, que salen de las hormonas. Pero cada cual, desprendemos un olor diferente y característico.

Pero... ¿Qué es una feromona?

Son sustancias químicas secretadas por los seres vivos, con el fin de provocar comportamientos específicos en otras personas.

Son un medio de transmisión de señales que puede ser volátiles o no volátiles.

En caso de moléculas para la comunicación interespecifica, se utiliza el término de ***alelomonas.***

Al igual que muchas especies de plantas y animales utilizan diferentes aromas o mensajes químicos como medio de comunicación, enviando uno o varios códigos tanto para atraerse o rechazarse sexualmente, como para otros fines.

Todos atraemos todo, tanto para fines sexuales, de amor... atracción intelectual... e incluso... mediante el olor, también podemos atraer lo negativo.

Al fin y al cabo... el ser humano... somos... pura atracción. Para bien y para mal, para lo bueno y para malo. Y siempre...

DEPENDE DE NOSOTROS, DE LO QUE ATRAIGAMOS.

¡Que te quede bien claro, eso!

Y de eso precisamente, te hablaré en el próximo capítulo. Del olor… negativo.

O mejor dicho… del olor… a miedo. El miedo también tiene un olor… muy característico. Y lo verás… ¡En el próximo capítulo!

EL OLOR DEL MIEDO

Como he dicho en el anterior capitulo, el ser humano está lleno de colores y de olores. Y la vida no es menos.

La vida está llena de colores y olores. Bueno… ¡Y de sabores! Pero de los sabores y sin sabores de la vida, ya hablaremos más tarde, quizás en otro capítulo. ¿Te parece?

Bien, ahora, vayamos al tema que nos interesa en este capítulo. El olor. Y en concreto… **EL OLOR DE MIEDO**.

Cada persona olemos de una manera. Y esa manera puede variar si somos positivos, negativos… abiertos, miedosos… etc.

Siempre se ha dicho que, los perros y los gatos huelen el miedo. Bueno, yo creo que, los animales en general, huelen el miedo a kilómetros de distancia.

Por ejemplo…;

Si un perro te huele el miedo… el también tiene miedo pero lo convierte en defensa propia. ¿Cómo? Pues… ladrándote, observándote cada movimiento… y en algunos casos… mordiéndote.

Porque cuando te huele el miedo… su manera de pensar es…" O tú o yo. O me defiendo… atacándote o seguro, que terminarás haciéndome algo malo". Y es entonces, cuando… te ataca. Porque piensa que si estás con miedo es porque algo malo has hecho o vas hacer en cualquier momento.

Por eso el miedo para un animal es algo inconcebible. El miedo lo convierte en refuerzo hacia ellos mismos, en defensa… y ataque.

Lo mismo pasa con los gatos, serpientes o cualquier otro animal. **NINGÚN ANIMAL ATACA POR CAPRICHO NI POR LA MALDAD**.

Los animales atacan por supervivencia. Es decir, por defenderse y/o por comer. El ser humano en cambio, ataca por placer, por ignorancia y por estupidez.

El ser humano, le es muy difícil convertir su miedo en algo bueno, en algo positivo. Los demás animales, si.

Pero no solo, los animales pueden oler el miedo. Nosotros también podemos sentir y oler el miedo de los demás. ¿Cómo?

Por la manera de ser, de comunicarse, de vestir, de sentir, de caminar… el olor de una persona, se transmite de muchas maneras.

El olor, el hedor a miedo en una persona se puede ver, oler y sentir en su mirada, en su tez, en la manera de expresarse.

Incluso, podemos oler el miedo en los demás. Cuando una persona no huele bien o más bien, huele de una manera fuerte, no es solo porque

su falta de higiene sino… por su falta de amor, positivismo y fe.

Una persona con miedo en su interior, que ha hecho del miedo su forma de vida, huele a rancio. Huele fuerte. Carece de amor. De ternura.

Una persona con miedo, siempre está a la defensiva, no disfruta de nada. El olor a miedo, es un olor que no deja respirar la libertad de la vida.

Pero vamos a dejar una cosa clara. El miedo a pesar de ser una cosa, una sensación, un sentimiento… horroroso, también puede ser algo positivo.

¿Cómo?

Haciendo que el miedo sea nuestra herramienta de trabajo para trabajar nuestro interior. Pero de eso, te hablaré en el siguiente capítulo. El miedo tiene muchos rostros.

LA OTRA CARA DEL MIEDO

El miedo tiene dos caras. Como los géminis. Por cierto, soy géminis. Y los géminis, si que tenemos dos caras. Visceral, bromista, fantasiosa, idealista, siempre soñando… con el arco iris.

Pero no me voy a meter ahora con el tema de los signos del zodiaco, porque no es la cuestión a tratar y no tiene nada que ver con los temas que estamos tratando.

El miedo tiene dos caras y está en nuestras manos, querer ver esas dos caras.

Una cara es la que todos conocemos de sobra. El miedo que surge en nuestra mente y se mete hasta el último rincón de nuestras entrañas, casi llegando al alma.

Pero el otro miedo… ese miedo desconocido por miedo a conocerlo. Como ya he dicho en algún capitulo, el ser humano, lleva a rajatabla la frase "Más vale malo conocido que bueno por conocer." Y por eso mismo, preferimos y decidimos ver solo el lado negativo del miedo.

¡Haz del miedo, tu fuerza! Haz del miedo tu aprendizaje!

Si, si... no te estoy vacilando. He pasado gran parte de mi vida, acostado junto al miedo. Y un día comprendí que ese miedo iba a estar ahí siempre, y dependía de mí que desapareciera y/o que se adaptara a mí.

El miedo es el arma más potente y peligroso de la mente. Pero también es un estado de alerta, que podemos convertirlo en nuestra herramienta de aprendizaje.

Tener miedo no es el malo, siempre y cuando sepas de donde viene, porque viene... sepas controlarlo, dominarlo... y hacer del miedo tu herramienta de aprendizaje y proceso de desarrollo personal.

El miedo a veces o muchas veces aparece para ayudarnos pero... le tenemos tanto pánico al miedo que no somos capaces de ver el lado positivo.

¿Cuándo aparece el miedo?

En situaciones repentinas de estrés (causando ansiedad), en estado emocionales muy difíciles de controlar (creemos que son muy difíciles de controlar), en situaciones repentinas que inesperadas, al pensar en posibles situaciones incomodas (catastróficas para algunos/as), que podríamos catalogarlas como... visiones de futuro.

Te puedo asegurar que si piensas y te preocupas de algo que no ha sucedido aun... lo único que conseguirás será adelantar esa situación incómoda y catastrofista.

La gente se agobia mucho pensando en el futuro, en algo… ¡Que aun no ha sucedido y que no sabe con certeza si va a pasar o no!

¡Qué raros y complicados somos seres humanos! ¿No te parece?

Amigo/a, cuando el miedo se te aparezca por obra de magia (sin previo aviso), déjale entrar a tu casa (a tu vida), pero que eso, te quede bien claro, que el miedo es un invitado intruso.

Pues cuando entre a tu casa (vida) el miedo, le recibes con una sonrisa y le dices…

"Vamos a ser amigos y tu… me servirás a mi".

El miedo nos tiene que servir para que seamos más fuertes, para querernos más, para que crezcamos más en el desarrollo personal de la vida.

Seguros que estarás pensando…;

"Qué fácil es decirlo colega. ¿Pero cómo se hace eso?".

Créeme, es más fácil de lo que crees. Es ponerse a ello. Agarrar el miedo por los cuernos, mirarles a los ojos, esos ojos negros penetrantes con bordes rojos… y sonreírle. Y decirle… "¡Mando yo!".

¡Hazlo! Agarra al miedo por los cuernos y dile que es tu servidor. ¡Que tú mandas!

El miedo tiene dos caras. No le veas solo la cara terrorífica. Aprovéchate del miedo para aprender y para ser más fuerte.

En el siguiente capítulo, te nombraré las leyes del dominio. Dominar, dominio… son claves para desarrollar un buen crecimiento personal.

La persona que sabe dominar... dominará su presente y su futuro, dejando el pasado... en su correspondiente lugar. En el pasado.

Dominio mental, dominio del alma. Pero como te he dicho, de esto te hablaré en el siguiente capítulo.

DOMINIO Y DOMINAR

Dominio y dominar la mente, es nuestra (TU) obligación. Solo así conseguirás tener una vida "tranquila", sin guerras con tu mente..

TU MENTE ES TU MAYOR ENEMIGO. CONOCE TODAS TUS DEBILIDADES.

Y a veces por protegerte, te saboteará, otras veces por hacerte la puñeta, intentará que estés pendiente de él (la mente).

¡Pero no dejes que lo haga! Domina tu mente. ¡Tú tienes el dominio de tu mente! ¡Tú tienes el dominio de tu vida!

TU DOMINAS TU MENTE.

TU DOMINAS EL ENTORNO.

Con lo cual...

TU DOMINAS LO QUE ACONTECE ALREDEDOR TUYO.

Ya sea...

EN LA FAMILIA, EN LA SOCIEDAD, EN TU CIRCULO DE AMISTADES… etc.

DOMINAS TU ENTORNO Y NO DEJAS QUE TE DOMINEN.

TU DOMINAS TUS MIEDOS.

DOMINAS Y CONTROLAS…

TODAS LAS CARAS DEL MIEDO.

TU DOMINAS TU EMOCIONES.

Con lo cual…

TU DOMINAS TU ESTADO EMOCIONAL.

TU DOMINAS (Y MANDAS EN) TU VIDA.

TU DOMINAS TU PANICO ESCENICO (este tema lo hablaré en otro capítulo).

TU DOMINAS EL PASADO (no dejas que afecte a tu presente, para que no revuelva tu futuro).

Si tienes el dominio de tu vida, controlarás todo. Y aunque vengan mal dadas, sabrás afrontarlo, desde una perspectiva positiva y natural.

Dominar es ser jefe de tu vida y de ti mismo.

Domina… y dominarás tu vida, tus pensamientos.

En el siguiente capítulo, te hablaré de la resurrección del ave fénix.

RESURRECCIÓN

En los primeros capítulos, te he hablado del resurgir del **AVE FENIX**. Y te he dicho que…

¡TU ERES EL AVE FENIX! Y te lo vuelvo a repetir para que te quede bien claro.

El ave Fénix, resurgió de sus cenizas para convertirse en el ave más bello y más fuerte. Su resurrección, le convirtió en inmortal.

Jesus de Nazaret también volvió, resurgió de sus cenizas, con todos los pecados de los mortales en sus espaldas para seguir volando. **Jesus de Nazaret es otro Ave Fénix.**

Su resurrección trajo la **FE** a la humanidad. Con esto te quiero decir que desde el miedo, nace la resurrección, el volver a nacer.

Hay morir para resurgir. Y después de la resurrección… empezar a vivir… de verdad.

Como bien sabes, soy monitor de crecimiento personal, guionista, dramaturgo, actor, humorista, director y profesor de teatro.

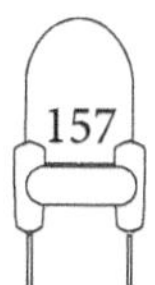

La trilogía **"EL ESCENARIO DE TU VIDA"**... empezando desde el primer libro, continuando por este y terminado por el tercero (**MICRO HISTORIAS DE LA VIDA**), te hablo de la similitud entre el teatro y la vida.

El escenario de la vida y el teatro, van unidos con la expectación que nos crea en nuestro interior, lleno de incertidumbre, pasión y miedo. Porque es una gran aventura, eso de la vida. Una aventura irrepetible.

Como te dije en el libro, **"EL ESCENARIO DE LA VIDA"**, en el teatro se ve todas limitaciones, miedos y dudas del ser humano.

Como profesor he visto milagros, he visto a personas empoderadas, he presenciado fracasos por no saber ni querer controlar ese miedo escénico que nace en su mente.

Pero también he visto, personas con el alma desahuciada y de repente...

¡MILAGRO! ¡RESURRECCIÓN!

Esa persona resurge de sus cenizas y se convierte en un... **¡AVE FENÍX IMPARABLE!**

Todos tenemos que morir, como mínimo una vez, para resurgir y convertirnos en un AVE FENÍX.

La resurrección está en el alma. **La FE está en el alma**.

El universo (dios) proveerá a los/as más fuertes. A aquellos que tengan fe, que luchen y trabajen por sus sueños, por su propósito de vida.

Y como bien dice, mi mentor **Laín García Calvo**, nuestro propósito de vida, es la de ayudar a los demás. Porque ayudando, también estás trabajando tu interior y le estás mandando un mensaje al universo.

No hay mayor satisfacción que disfrutar trabajando, ser feliz en el trabajo que desarrollas, en el que te ganas tu dinero y además… sirves al universo.

Y además con tu trabajo, ayudas a otras personas. Incluso les abres puertas que creían cerradas. Es lo que hace la felicidad, el estar convencido en lo que uno hace.

No tengas miedo a tocar fondo. Tocar fondo supone… morir, para luego… resurgir. Resurrección.

A partir de la resurrección, comienza una nueva vida, una nueva oportunidad en el que tendrás que aprovechar cada instante.

En el siguiente capítulo, te hablaré… del pánico escénico.

HABLAR EN PÚBLICO

El miedo a hablar en público, ese miedo escénico que inmoviliza las emociones.

Hablar en público debe ser como comer, como dormir, como correr una media maratón.

Nadie nace sabiendo pero todos nacemos con el don de aprender, procesar y de escuchar al alma y no a la mente.

Hay trucos para saber y poder hablar en público. Claro que los hay. Pero el mejor truco es tener fe, creer en las posibilidades de uno/a mismo/a.

Sin fe, sin creer en uno/a mismo… no hay nada que hacer. Por muchos trucos que sepas y que te hayan contado, sin esa fe… no hay nada que hacer.

Hablar en público es como tirarte al agua, a la piscina. Cuando vas a la playa o a la piscina, y te dispones a tirarte al agua… ¡Ay! En ese momento, te entra una pereza y una desgana. ¿Verdad?

Al principio te tiras al agua casi obligado (a no sea que estés a cuarenta grados) pero una vez en el agua… te sientes más tranquilo/a y feliz que un pato.

Pues, con el sistema de hablar en público, sucede lo mismo. Al principio te da miedo, nerviosismo, dudas, incertidumbre… pero una vez que empiezas… todo eso va desapareciendo paulatinamente.

Los nervios siempre estarán ahí pero si los controlas, ni te das cuenta de que están. Y en cuanto al miedo escénico… al minuto y medio de estar hablando desaparece.

Lo mismo sucede cuando estás representando una obra de teatro o un monólogo de humor o teatral en un bar o en un teatro.

Al principio, nervios, cierto miedo, ves el público, observas el público. Se te pasan miles de cosas por la cabeza y ninguna buena.

Pero cuando subes al escenario o coges el micrófono y sueltas las primeras palabras… el miedo te ha dado la palabra.

Hay quienes dicen que lo mejor es imaginarse a la gente desnuda, pensar en cosas raras, en no pensar que hay gente. ¡Menudas tonterías!

Para empezar, hay que prepararse el discurso, el guión o lo que sea que tengas que hacer frente al público.

Preparárselo, entrenarlo y/o ensayar bien a fondo. Coger seguridad y confianza con el texto, para así coger confianza en uno/a mismo/a.

Poner en práctica el texto una y otra vez frente a un espejo o frente algún/a amigo/a o familiar.

Y porque no, ir practicándolo por la calle, recitándolo, a riesgo que te tomen por un loco por estar hablando solo.

Pero tranquilo, locos somos muchos por suerte. Así que, no desentonarás ni lo más mínimo. Ya sabes, hay que ser oveja negra e ir a contracorriente.

Trabaja el texto, trabaja tu mente, educa a tu mente a que te haga caso, miéntete, convéncete de que eres el/la mejor.

Una cosa debes tener muy claro, cuando estés enfrente del público, tienes que tener presencia escénica, mirada fija, control del entorno y de todo lo que te rodea.

Y sobre todo… saber que… **¡ERES ÚNICO/A!**

Cuando hablas en solitario frente al público, debes saber de lo que hablas, de saber expresarte, tienes que tener una fe ciega en ti y en los que dices y transmites.

Y para eso, es muy importante, imprescindible tener una muy buena presencia escénica. Pero eso, de eso, te hablaré en el próximo capítulo.

PRESENCIA ESCÉNICA

Recuerdo que este tema, ya lo toqué en el anterior libro de la trilogía, "**EL ESCENARIO DE LA VIDA**". Nunca está de más repetirlo, recordarlo y además, esta vez, profundizaré más si cabe.

Tener una buena presencia escénica es vital para saber transmitir. Los políticos son muy buenos en eso. Es más, sus votos no se basan en sus falsas promesas sino… en su presencia escénica.

Los artistas y/o famosos saben muy bien lo que es la presencia escénica y lo trabajan durante toda su vida.

Mi mentor, **Laín García Calvo**, no solo es un gran mentor sino que tiene una presencia escénica asombrosa, muy buena.

Sabe transmitir a la perfección su mensaje pero sobre todo, porque sabe lo que dice, entiende lo que dice, sabe más que nadie sobre lo que dice y… lo transmite con su presencia escénica.

La presencia escénica es silencio. Es comunicación no verbal pero que llega muy directamente al espectador.

Anthony Robbins, Will Smith, Oprah Winfrey, Robin Williams, Rosalia, Madonna, Steve Jobs, Facundo Cabral o mi mentor Laín García Calvo, son las personas que dominan a la perfección el escenario y el público.

Estas personas tienen una presencia escénica exquisita y asombrosa. Les he visto por la televisión y/o por youtube y es algo impresionante, grandioso.

Tienen unas facultades extraordinarias para hablar en público. Empezando como no, por una presencia escénica alucinante.

He tenido la suerte de ver a mi mentor, **Laín García Calvo** en directo en sus seminarios de crecimiento personal, en enormes salas (auditorios), que estaban repletas de gente (publico- alumnos/as) y le vi y le escuché a la perfección.

Transmitía una seguridad, una tranquilidad, una maestría mágica y asombrosa. Desde luego, es un líder.

¡Y eso es, lo que tienes que ser, sobre un escenario! **¡SER LIDER**!

A la hora de hablar en público, tienes que saber transmitir pero sobre todo tienes que **SER UN LIDER**.

El público tiene que ver que eres un **LIDER SOBRE EL ESCENARIO**.

Si eres capaz de transmitir ese aura de liderazgo, ya habrás hecho lo más difícil y a partir de ahí, todo lo que salga de tu boca será comprensible, entendible y veraz.

Una persona con una gran presencia escénica, tiene el don de la comunicación. Sabe comunicar, mejor que nadie.

Para saber hablar en público, primero debes convencerte a ti y a tu mente. **¡Único/a y especial!**

Y a partir de ahí, empieza a trabajar en el tema, en el texto que vayas a desarrollar y en tu presencia escénica.

Siempre viene bien tomar unas clases extras de arte dramático y de presencia escénica. Pero aun así, la llave del éxito la tienes tú.

Ten **FE** en ti, en lo que vayas a decir y hacer y es entonces, cuando todo fluirá.

Recuerda que, si tú haces tu trabajo con ilusión y ganas… el universo hace el resto.

Nadie nace sabiendo, todas las personas de éxito se han tenido que zambullir en el miedo de la incertidumbre.

Si no pruebas, si no experimentas, será imposible que conozcas el éxito. Recuerda que el éxito nace de los fracasos.

Es como andar en bicicleta. ¿Recuerdas tu aprendizaje en bicicleta? ¿Recuerdas el proceso del aprendizaje?

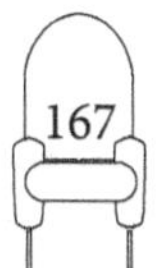

Dime… ¿Cuántas veces te caíste? ¿Cuántas lágrimas derramaste al ver tus rodillas, codos y manos despellejados y con sangre?

Realmente lo que te dolía no era el golpe sino el ver tus rodillas, manos y codos despellejados y ensangrentados. Y luego estaba tu mente, que te decía…

"¿Lo ves? Ya te había dicho yo que ibas a sufrir y que te ibas hacer daño. ¿Para qué continuas torturándote? ¿Realmente quieres aprender andar en bici?"

Pero al final vencías a tu incomoda mente y aprendías a andar en bicicleta. ¿No es así?

Pues con el tema de hablar en público pasa exactamente lo mismo. Tu mente te saboteará, te dirá miles de barbaridades para que lo dejes, para que te rindas. Te pondrá una resistencia feroz.

Pero, tu obligación será la de convencerte que eres superior a tu mente. Y que tu… tu… **¡PUEDES CON TODO! ¡CON TODO!**

Déjame hablarte de mi mismo una vez más. Cuando estoy sobre el escenario o enfrente de mis alumnos/as o voy a dar una charla de cualquier cosa, me siento… **¡ÚNICO Y ESPECIAL!**

Las personas que han venido a verme, esperan algo maravilloso, sorprendente de mí. Yo les voy a dar algo nuevo, diferente, algo que ellos/as no tienen o no saben.

Así que, siéntete único/a y especial. Sobre un escenario o cuando vas a dar una charla o clase magistral, no vale titubear.

Y solo sintiéndote único y especial, consigues una presencia escénica mágica. Y con una presencia escénica mágica, consigues atrapar al público. .

Eres un ave Fénix. Los Fénix no tienen miedo porque han resurgido de sus cenizas y saben con certeza lo que quieren y lo que buscan.

Eres un ave Fénix que puede… **¡CON TODO!**

En el siguiente capítulo, te hablaré sobre la magia.

MAGIA Y UNIVERSO

Siempre se ha dicho que la magia está hecha para los críos. Y cuando vamos a un espectáculo de magia, debemos meternos en el papel de un/a niño/a para entenderlo y disfrutarlo. Y así es.

Siempre digo, que a medida que vamos creciendo, vamos perdiendo la inocencia, la magia que llevábamos antaño en nuestra alma, va desapareciendo.

LA VIDA ES PURA MAGIA. LA VIDA ES TEATRO. Y EL TEATRO… ES PURA MAGIA.

El ser humano se pasa gran parte de su vida, buscando por todos los sitios lo que ya tiene. Y lo tiene en su interior.

Busca amor, busca felicidad, busca paz… se pasa toda la vida buscando.

Y resulta que… ya lo tiene. Lo tiene pero no lo ve. Lo tiene y ni lo ve ni lo siente. Y por esa misma razón, no consigue sentir la magia en su alma.

La felicidad está en nuestro interior pero hay que tener capacidad para verlo.

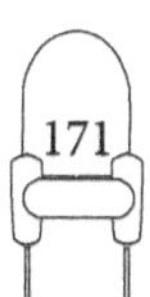

Es como…

El tren. El tren pasa. No solo una vez, pasa constantemente, con intervalos de años y hay que saber coger ese tren.

Hay que saber verlo y querer coger ese tren. Porque muchos/as ven el tren y no lo cogen. ¿Por qué? Por miedo. Esa es la única razón.

La magia de la vida la tenemos nosotros y somos nosotros los responsables de sacar la magia que llevamos dentro.

No puedes hacerle responsable a la vida de tus fracasos, de tus miedos, de tus limitaciones (impuestos por ti), por tu debilidad mental.

Ten una cosa muy clara. El universo (la vida, dios), te quiere, te ama, te protege. ¿Y sabes de quien te protege? ¡De ti! Si, si… de ti.

Porque tú, tu eres… el mayor problema de ti mismo. Tu eres el enemigo número uno de ti mismo. Porque al final, debido al miedo que reina en tu interior, te has convertido en el mejor aliado de tu mente.

Universo y magia van unidos. Están entrelazados. El universo jamás te dará la espalda. El universo, te cubre las espaldas.

La magia la tienes tú, la fe está en tu interior, la pasión está en tu corazón, tu perseverancia en tu mente. Lo tienes… ¡TODO!

Pero solo te hace falta verlo o querer verlo. El universo te proporciona la varita, la chistera pero los trucos los tienes tú en interior y la magia la tienes que hacer tu.

Deja las dudas, los… "Algún día…", "Tal vez…", ¿Y si…?". Y toma acción masiva. **¡TOMA ACCIÓN, YA!**

Tú no eres el conejo que sale de la chistera, sino el/la mago/a que saca el conejo de la chistera.

El universo te protege, te ama, te ayudará siempre y cuando tengas fe y trabajes duro con pasión e ilusión por tus sueños.

El universo te pondrá obstáculos, porque es su cometido para ponerte a prueba.

Imagínate, que el universo te estuviera haciendo una entrevista de trabajo. Y como bien sabes, las entrevistas de trabajo son muy "curiosas" y algunas complicadas y surrealistas.

Pues así es la vida, así es nuestro querido universo.

La vida es como una constante e interminable entrevista de trabajo, en donde, el universo en tu entrevistador. Te pondrá a prueba, durante toda la vida. Pero merece la alegría, créeme.

Así que, deja de quejarte, de maldecir la vida, levántate del cómodo sillón o sofá del confort y ponte a vivir… **¡DE VERDAD!**

Ponte a vivir al ritmo que te marca la vida, que te marca el universo. Y baila, baila a su ritmo a golpe de magia. Magia que sacarás tú de la chistera que llevas en tu interior.

En el siguiente capítulo, te hablaré sobre los entornos del miedo.

Una vez conocidos, pasaremos a eliminarlos mediante unas pautas que te daré. Pero de momento… comencemos a meternos en el mundo del miedo.

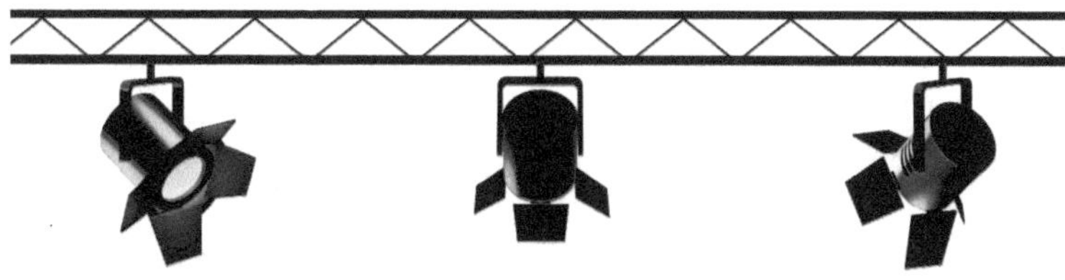

EL MUNDO DEL MIEDO

El mundo, la sociedad está repleta de "cosas" que dan, provocan y generan mucho miedo. El miedo, esa enfermedad imaginaria, que no se ve, que es invisible pero convive con nosotros diariamente.

Día y noche, el miedo está presente. Y se aloja en nuestro cerebro, en nuestra mente. Últimamente, llevamos a cuestas el concepto "miedo", como si lo tuviéramos a tatuado en la frente y en el cerebro.

A partir del año 2000 (el caótico, estresante año 2.000. En donde creíamos que los ordenadores se iban a volver locos, y se iban a sublevar contra la humanidad.

Como si fuera una película del futuro, la sociedad, la humanidad… el mundo, empezó con su declive. Se metió en una espiral difícil de salir.

EL MIEDO, EL CAOS, LA INCERTIDUMBRE, EL PÁNICO Y LA DESCONFIANZA (Ausencia de FE) SE HAN APODERADO DE UNA SOCIEDAD OBSOLETA.

El egoísmo y el ego, han cogido el turno, han cogido el mando y orden. Egoísmo y ego mandan. Y sobre ellos… **LA MENTE**.

Los medios de comunicación se encargan de ponerlo peor, metiendo miedo por doquier. Sobredosis de miedo para que la sociedad esté asustada, acomplejada, sin fe y sin alma.

Sería fácil echar la culpa a los bancos, a los políticos, a las grandes empresas, instituciones e industrias.

Pero…voy hacerlo difícil. ¿Cómo? Exculpando precisamente a los bancos, políticos y a las grandes empresas e instituciones. Y culpando…

¡A la sociedad! Si, a la sociedad. Nosotros somos los verdaderos y únicos culpables de lo que sucede en el mundo.

No te voy a dar un mitin político, porque ni soy político ni me gusta política, aunque debo decirte que la vida es política.

Cada acto y/o acción que haces durante el día, es un acto político.

Ver la tele, leer la prensa, representar una obra teatral o musical, comer, dormir… todo es política.

Pero continuando con el tema del miedo y antes de entrar en harina con las soluciones de eliminar la lacra del miedo, déjame decirte que es que lo que nos produce miedo, pavor, pánico y ansiedad.

A estas alturas, ya deberías saber que el miedo nace en la mente.

La mente es un dictador que tiene el miedo por

bandera.

¿QUIENES SON, LOS AMIGOS DEL MIEDO?

He aquí una lista;

- Medios de comunicación; Prensa, radio y televisión.
- Entorno-Familia; padres, hermanos/as, abuelos/as…etc.
- Amistades
- Compañeros/as de trabajo
- Conocidos/as de la calle
- La pareja; novio/a, esposo/a.
- La falta de confianza. Autoestima baja.
- La falta de fe.
- La susceptibilidad.
- El trabajo.- Miedo a perderlo, miedo a los/as jefes/as.
- El concepto de fracaso.- Tenemos un mal concepto de lo que es el fracaso. En el anterior libro, "EL ESCENARIO DE LA VIDA", describe a la perfección lo que es realmente el fracaso.
- La falta de amor.
- Las religiones.
- La educación
- La sanidad.

- **La política extrema**

- **Las adicciones**

- **La necesidad provoca ansiedad.**

En fin, hay tantas cosas que generan el miedo y el caos, que necesitaría diez hojas como mínimo para añadirlas en la lista.

Pero ten en cuenta una cosa. Con miedo no hay libertad. Y sin libertad no puedes volar. Entonces, yo te pregunto…

MERECE LA ALEGRÍA, hacerle frente al miedo para destruirle o por lo menos, que no te domine, que no domine tu vida.

Porque tu vida es tuya y de nadie más.

A nuestros abuelos les educaron con el miedo, a nuestros padres les educaron con el miedo.

Nuestros padres nos han educado, de la manera más valiente posible, pero… aun así con el miedo como principal principio.

Y tú… ¿Tú vas hacer lo mismo? ¿Vas a vivir con miedo? Si tienes o si tuvieras hijos/as… ¿Les educarías con la doctrina del miedo?

EL MIEDO, ES UNA DICTADURA QUE SE HA EJERCIDO COMO DOCTRINA.

El miedo tenemos que volverlos de nuestro lado. Que esté a nuestro favor, que nos ayude y nos haga más fuerte. Que nos ayude en el proceso de aprendizaje

En el siguiente capítulo, te explicaré como eliminar los miedos. No te hablaré del miedo sino como eliminarlos.

ELIMNAR EL MIEDO

Si quieres ser un ave Fénix, si quieres resurgir de tus cenizas, lo primero que debes hacer es eliminar por completo tus miedos. Y así vivirás una vida dorada, tu vida dorada.

Lo que te acabo de decir, es tan cierto como incomodo. Pero hay que hacerlo. No es tarea sencilla pero si asequible.

Hay unas pautas a seguir. Pero… hay que querer seguir esas pautas y ser disciplinario y contundente con esas pautas.

VENCERAS SIEMPRE AL MIEDO, SI SIGUES ESTOS 3 PASOS;

- **Conocer su origen**

- **Aceptarlo**

- **Dar un paso al frente.**

CONOCER SU ORIGEN

De este tema, ya he hablado en algún anterior capitulo y en el anterior libro, "**EL ESCENARIO DE LA VIDA**". Pero aun así, lo volveré a repetir.

El miedo, es una emoción desagradable que se anticipa a una situación de peligro.

El miedo segrega adrenalina. O sea, la mente, el cerebro segrega adrenalina cuando siente peligro, como si quisiera anticiparse a un combate inexistente. Y eso provoca, que muchos se paralicen, se bloqueen, sufren ansiedad y pánico.

Si esa adrenalina segregada por el cerebro no se quema físicamente (haciendo deporte), se queda inutilizada en el cuerpo y es entonces cuando vienen los problemas. Produce más miedo que a su vez, segrega más adrenalina. Una espiral difícil de salir.

Y si no eliminamos esa adrenalina con agresividad (haciendo deporte), quemando energía y toxinas, puede causar depresión, vuelve tu mente en un volcán en plena erupción. Y es horroroso.

Otra solución, sería conocer las razones del miedo y hacerle frente. Mirarle a los ojos, aceptarlo y ponerle remedio. Y para eso, hay que ir al origen del mal.

<u>ACEPTARLO</u>

Debes reconocer que tu miedo existe. Y debes verlo como algo normal. Cuando lo aceptes, te sentirás mejor, ya que le quitas su fuerza.

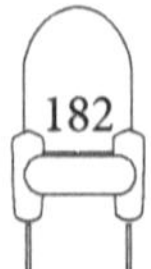

Pero si niegas al miedo, te amenazará y te chantajeará.

Recuerda que la mente no tiene piedad. Que conoce todas tus debilidades e irá a por ti, como una fiera hambrienta.

Así que, deja que el miedo entre y salga a su antojo. No reacciones oponiéndote. Pero tampoco verbalices tu miedo porque sino… lo atraerás con más fuerza si cabe.

Mira al miedo de frente, sonríele y sigue a lo tuyo. Mírale al miedo como un mero espectador.

Es entonces cuando te darás cuenta, de que el miedo es irracional y empezarás a controlar tu mente. Y si controlas tu mente, controlas tu miedo.

Cuando te llegué el miedo, no mires a un lado, siéntelo y obsérvalo. De esta manera, perderá toda su fuerza.

Eliminarás muchos miedos si aceptas (sin verbalizar. (¡Ojo, con el lenguaje!) El miedo como algo normal.

Por ejemplo…

¿Para qué preocuparte por un posible despido o por una posible ruptura de relación? Si va a pasar, va a pasar igualmente.

Acepta que hay cosas fuera de tu alcance. Cosas… del universo.

Aunque si podrías hacer mejor las cosas, ponerle mayor y mejor dedicación para que no te despidieran del trabajo o para que tu pareja no te dejara. ¿No crees?

Acepta que hay una posibilidad de que te ocurra algo malo como a cualquiera y la mente dejará de torturarte. Y recuerda que todo, tiene solución.

EL MIEDO, NO PUEDE CHANTAJEARTE SI LE ABRES LAS PUERTAS.

Imagínate, que estás a punto de dar una charla sobre un tema con un numeroso público frente a ti.

Acepta el cosquilleo del miedo como algo normal. Siente como unas mariposas revolotean por tu estomago.

ACEPTALO, SONRÍE Y DISFRUTA DEL MOMENTO.

Solo así, el miedo se irá. Al medio minuto de comenzar el discurso, el miedo se irá.

TEN FE. CREE EN TI. CONFÏA EN EL UNIVERSO.

DAR UN PASO AL FRENTE

¡Movimiento! ¡Acción masiva!

La acción mata la preocupación y da salida a la adrenalina. Si persigues un objetivo y llenas tu mente de objetivos, el miedo se rendirá.

Ese paso adelante, hará que el miedo desaparezca. Siempre hay que tomar acción. Movimiento.

Aprovecha la adrenalina para actuar porque si te quedas quieto/a, el miedo se hará fuerte y te entrará pánico y ansiedad.

Invierte tu tiempo en ese proyecto tan grande e ilusionante que tienes en el alma . Pero que de momento, no se ha hecho grande en la mente.

Planifica tus movimientos, visualiza como lo vas hacer y ese miedo se convertirá en un cosquilleo en el estomago. Pero será un cosquilleo de emoción e ilusión.

EN DEFINITIVA;

Acepta el sentimiento de miedo como algo normal, no te pongas tenso/a, examina tus sentimientos, no huyas de ellos.

Busca el origen de ese miedo para hacerle frente. Moviemiento, acción masiva. Visualiza y pon tu proyecto como protagonista innegociable y prioritario.

Cuando llegue el miedo a tu cuerpo, sin tocar la puerta, sin previo aviso… ¡Reacciona! No te bloquees. No dejes que tu mente piense por ti. Que no te domine.

TU CONTROLAS TU MENTE, LO QUE TE RODEA.

BUSCA ALTERNATIVAS.ENPODERATE, IMPONTE Y MIRALE AL MIEDO A LOS OJOS. Y te darás cuenta… de que no es tan fiero como quiere hacerse ver.

Recuerda que… **¡ERES EL LIDER, DE TU VIDA!**

Recuerda que… **¡ERES EL ÚNICO LIDER, DE TU MENTE!**

ERES LIDER, NO SEGUIDOR.

Si haces lo que te he dicho, el miedo será tu seguidor, tu siervo. Y en vez de hacerte daño, estará ahí. Al acecho, por si bajas la guardia.

Aprende del miedo también, ya que tiene su lado positivo, siempre y cuando lo sepamos utilizar a nuestro favor.

En el siguiente capítulo, te hablaré sobre cómo superar las inseguridades de la vida.

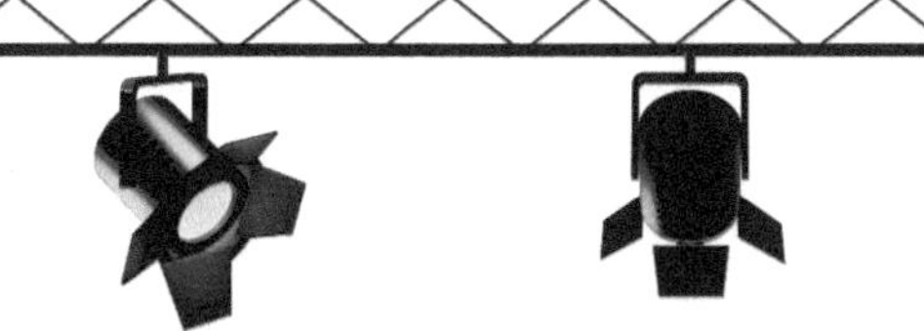

INSEGURIDADES DE LA VIDA

La inseguridad tiene dentro unos cuantos virus, que provienen de la mente. Esto, ya lo he mencionado unas cuantas veces, pero lo repito para que te quede bien claro.

La inseguridad viene atada a la autoestima. Y cuando hay inseguridad y falta de autoestima, es porque hay falta de amor en nuestro interior.

¿Y qué es lo que provoca esa ausencia de amor? ¿Qué es lo que provoca la inseguridad? **EL MIEDO**.

Como siempre, el miedo es el protagonista de nuestra vida, de nuestros males. El que pretende que nuestra vida sea una película de terror.

La falta de autoestima y las inseguridades suelen venir por un pasado o presenta destructivo, provocando en la persona, la autodestrucción (no quererse).

El *"Bullyng"*, el maltrato psicológico y físico, los irrespetuosos comentarios hirientes y la ausencia de amor en el pasado.

Que duro y triste es no quererse ni amarse a uno/a mismo.

Hay que quererse y amarse. ¡Ojo! No confundirlo con narcisismo. Porque no es lo mismo.

Quiérete, amate… solo así querrás y amaras la vida y todo lo que le rodea. Animales, personas, plantas, árboles, ríos, mares, mariposas… etc.

Si careces de amor en tu interior, no te puedes amar y si no te quieres, es casi imposible que puedas querer o amar a alguien o a algo.

Para dar hay que tener. Una de las leyes del universo.

¿Y cómo se vencen las inseguridades?

Brillando en lugares y con personas que te hagan brillar. Porque todos tenemos luz propia. Solo que a veces, tenemos tanta oscuridad en el interior que nos cuesta sacar a la luz, la luz que llevamos dentro.

Rodéate de buenas personas, de personas que te hagan brillar, de personas que te den cariño, amor y sinceridad.

Cuando te levantes y siempre que puedas, mírate al espejo y di que te quieres, que eres el/la mejor. Que eres guapo/a, bello/a… que eres único/a, especial.

Te mereces lo mejor, pero lo mejor viene con trabajo. Trabajando duro, con ilusión por conseguir que llegue… lo mejor.

¡No pienses en el pasado! Muchas inseguridades vienen del pasado. ¡Y ojo, con el futuro! Porque miedos… están instalados en el futuro.

La mente siempre va a querer recordarte lo peor, tus "defectos" que no son defectos. La mente siempre te recordará la ofensa de aquellas personas que no te valoraban.

Y no te valoraban, porque no valoraban la vida. Así que…

¡VALORATE! ¡QUIERETE! ¡HAZTE VALER, CORAZÓN!

No te dejes amedrentar por personas que carecen de ilusión por la vida.

Las personas que ofenden, las personas que se ríen de los demás, son personas que están vacías por dentro.

Son personas que necesitan hacer el mal y/o reírse de los demás para estar bien. Y en el caso de ellos, estar bien no es sinónimo de felicidad.

¿Tienes un don especial… y ese don especial… ¡ERES TU!

Eres la mayor contribución para ti mismo/a y eso implica que eres una contribución muy importante para la sociedad. Y para algunas personas, eres muy, muy importante.

¡CREETELO CORAZÓN!

Las inseguridades solo valen… para nada. No aportan nada. Para que convivir con algo que no aporta nada. ¿No crees?

Escribe en un papel, todos los días como te sientes, lo que eres, lo que te gustaría aportar a la sociedad, a ti mismo/a, a tu familia, amistades… etc.

Decreta frente a un espejo o hablando con la mente, lo especial que eres. ¡Que eres único/a, joder!

Eres diferente, eres especial. Nadie en el mundo, es como tú, es igual que tu. Porque como tu… solo hay uno.

Porque eres especial y único/a para alguien, para algunos/as y/o para muchos/as. No lo olvides.

Cree en ti por favor, hazlo por ti, hazlo… por tu alma.

En el siguiente capítulo, te hablaré sobre las distintas maneras de ver la vida.

MANERAS DE VER LA VIDA

La vida puede ser como puntas montañosas, como estalactitas o como la línea de un horizonte.

Depende de nosotros, depende... de ti.

Que tu vida sea emocionante, ilusionante, lleno de emociones (buenas y malas), con éxitos y fracasos.

Que tu vida sea un proceso de crecimiento y desarrollo personal (a nivel personal y profesional) está en tus manos, depende de ti.

No culpes a la vida, a dios, al universo de que tu vida sea sosa, monótona, rutinaria, triste... etc. Cúlpate a ti, porque tú eres, el/la única responsable de cómo sea tu vida.

La vida va por rachas, son épocas. Rachas, épocas buenas, malas, con altibajos... y hay que aceptarlas, porque la vida es así. Hay que aceptar la vida tal y como viene.

La vida es como ir en coche. Vas en coche por la carretera de la vida. Y por el camino de la carretera, hay cruces de caminos, curvas, muchas curvas, cuestas muy costosas, bajadas muy empinadas... etc.

La vida no puede ser una carretera lisa en dirección única y sin baches y en vertical (horizontal). Que aburrimiento. ¿No?

Las rachas de la vida, son como la mar, con olas, marejadas, olas gigantescas, calma, tempestad. Y nosotros somos… pescadores que van en su barco a pescar lo mejor de la vida. Y bien preparados con anzuelos, chalecos, botes… etc.

¿Qué sería la vida sin esas rachas? La vida es como una montaña rusa. Un parque de atracciones.

Los parques de atracciones están llenos de atracciones emocionantes, que te dejan el estomago lleno de mariposas revoloteando en tu interior. ¿No es así?

La emoción, la ilusión, el riesgo… el sacar el/a niño/a que llevamos dentro… todo se une en el maravilloso parque de atracciones.

En un parque de atracciones, hasta el más adulto y serio se vuelve niño/a. Sonríe y se emociona. Y es así como debes ver la vida. Como un parque de atracciones.

Sonríe, emociónate, ilusiónate, ten miedo, ten valor, arriésgate, móntate en la vida. La vida es un parque de atracciones.

El universo te eligió para que fueras protagonista, guionista y director/a de tu obra teatral o película.

Y también te dijo mediante indirectas muy directas, que la vida era como un viaje en coche por una carretera.

Y que habría épocas de oleaje y tempestades, como si estuvieses de patrón en un barco pesquero.

Pero ante todo, te dejó bien claro, que la vida es como un parque de atracciones. Lleno de emociones, en donde tendrías que utilizar tus emociones e ilusiones de niño/a para saber y poder disfrutar de la atracción de la vida.

La vida son muchas cosas. Teatro, carretera, parque de atracciones, mar... es una mezcla de todo. Sueña, ríe, llora, acepta, ríndete, lucha, siente pero no dejes de ir a por tus sueños.

En el siguiente capítulo, te hablaré sobre el encefalograma de la vida.

EL ENCEFALOGRAMA DE LA VIDA

La vida es como un encefalograma. Encefalograma plano u horizontal, con montes y picos, o como… estalactitas.

Todo depende… ¡DE TI!

Si, lo sé. Esto ya te lo he dicho en el anterior capitulo de una manera similar. Pero me da igual, te lo repito para que te quede bien claro, que **TU VIDA… SOLO… DEPENDE… DE TI**.

¿Cómo es tu vida? ¿Cómo deseas que sea tu vida? ¿Cómo deseas… que sea tu vida… a partir de ahora?

Después de leer la trilogía de "**EL ESCENARIO DE TU VIDA**". ¿Vas a vivir como gasta ahora o… vas a cambiar de actitud hacia la vida?

Cambiar de actitud hacia la vida, supone un cambio drástico de mentalidad. Ser tu quien domine tu vida y lo que te rodea.

Bueno, a lo mejor, eres tu quien domina tu vida y no necesitas un cambio drástico de mentalidad y de actitud. Si es así, te pido perdón y felicito.

Pero, si no es así… escucha bien;

LA VIDA ES UNA LÍNEA. LA VIDA ES UN ENCEFALOGRAMA.

Hay vidas que son como encefalogramas planos (por desgracia, muchos/as llevan ese tipo de vida/encefalograma), otros están llenos de emociones con picos montañosos, otros… anodinos y tristes con estalactitas y líneas rectas sin emociones.

Piensa, hazte esta pregunta…;

"¿Cómo es mi vida? ¿Qué tipo de encefalograma es mi vida?"

Si tu respuesta es… "Plano" o "Con estalactitas"… está claro que debes cambiar algo. Cambiar de inmediato.

Supongo que en la tele, o en el cine, has visto en alguna película la imagen de una persona en un hospital, en un quirófano o en una habitación, atado/a a una maquina que controla sus constantes vitales. ¿No?

Esa máquina que controla las constantes vitales es como… una lucha interna entre el alma y la mente.

Esa máquina motorizada, controla mediante una línea las constantes vitales. La respiración, el oxigeno, las emociones y la mente. TODO.

Si la línea es horizontal, recta, sin ningún pico ni por muy pequeño que sea… entonces… esa persona

fallece. El cuerpo deja de funcionar.

Su alma y su espíritu continúan ahí, dentro de él, pero su cuerpo deja de funcionar. El alma y el espíritu jamás mueren, el cuerpo si.

Pero a lo que voy, la línea horizontal o recta supone muerte, deja de vivir. El encefalograma si es plano, la persona fallece, su cuerpo deja de funcionar.

Pues la vida es así. La vida es como un encefalograma

La rutina, la monotonía, la dejadez, el estancamiento de las emociones, la ausencia de motivación e ilusión son...

LÍNEA RECTA HORIZONTAL.

La línea de la vida debe estar lleno de picos montañosos, e incluso estalactitas (aunque no sea bueno).

Tu línea de vida debe tener... **¡VIDA!** Altibajos, subidas y bajadas, risas y lágrimas, decepciones y alegrías. **Haz que la línea de tu vida... ¡Tenga vida!**

En el siguiente capítulo, te mostraré mediante imágenes, la línea de la vida.

LA LÍNEA DE LA VIDA

Te voy a mostrar a continuación, la línea de la vida pero en imágenes. El grafico lineal de la vida. Seguro que directa o indirectamente, quieras o no… te sentirás identificado/a con alguna de estas líneas.

Como he dicho varias veces, la vida es como un encefalograma, es una línea de una maquina o monitor que controla nuestros constantes vitales.

La línea de la vida es esto;

Pero la vida de la vida se puede modificar, cambiar, variar…etc. Puede cambiar de muchas maneras, de muchos estilos.

LÍNEA DE LA VIDA MODIFICADA-1

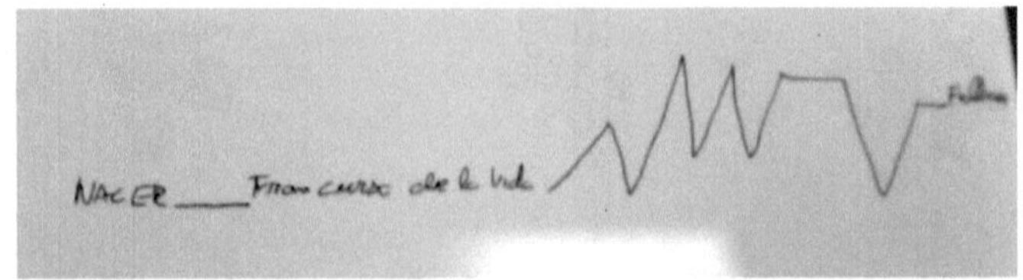

LINEA DE LA VIDA MODIFICADA-2

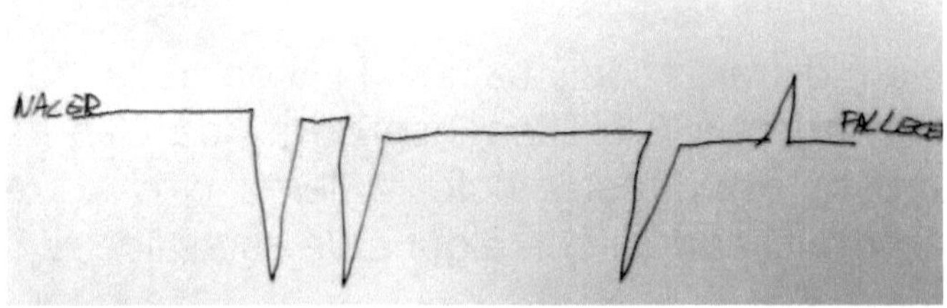

LINEA DE LA VIDA MODIFICADA -3

LINEA DE LA VIDA MODIFICADA- 4

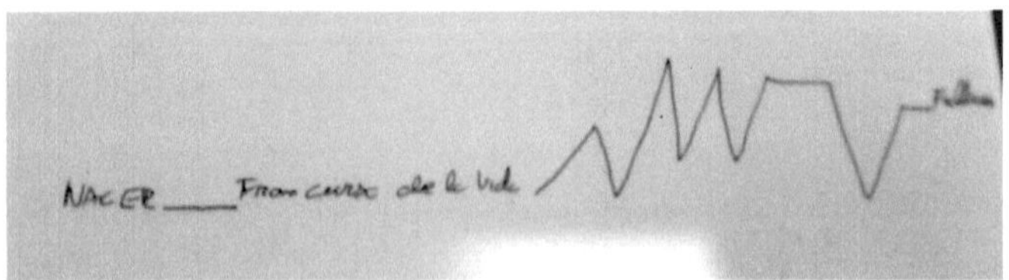

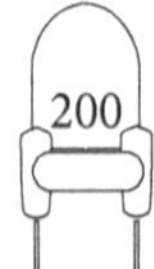

Dime…

¿Con que línea de la vida te sientes identificado/a?
¿Cuál crees que está siendo tu línea de la vida?

Recuerda que todo el variable y modificable.

Sin duda, hay más líneas variables, hay más líneas de la vida. Las líneas de la vida son muy variables y modificables.

¡No hay nada escrito! ¡No hay ni existe nada al azar! El azar solo existe, en el juego, en la suerte del juego.

La vida no es un juego de azar. La vida es un "juego" teatral, lleno de emociones, vértigo, incertidumbre, alegría, satisfacciones… etc.

EL DESTINO NO ESTÁ DECRETADO.

Tú, escribes tu vida, tu destino está en tus manos. El universo, hará lo que estés decretando.

Imagina que estás en un juicio, que eres el/la abogado/ a o fiscal y estás dando tu retorica al jurado y al/a jueza/a.

Y mientras tú estás hablando con el fin de demostrar y convencer, otra persona está escribiendo a máquina lo que estás diciendo, para que quede bien claro lo que dices, lo que decretas.

Eso es lo que pasa en un juicio. Aunque no seas entendido en derecho ni en juicios, supongo que lo habrás visto en la tele, en alguna película. ¿No?

Pues eso es lo que pasa con la línea de la vida. Tú hablas, decretas… mediante el lenguaje, pensamientos, acciones… etc.

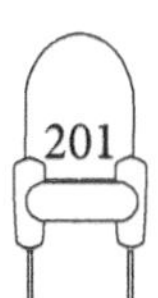

Y mientras tú decretas, el universo escribe tu vida. Va escribiendo lo que vas diciendo, haciendo, pensando y de esta manera, tu línea de vida, que es como la línea de un encefalograma, se va creando poco a poco.

La línea de la vida es como un jersey de lana. Empiezas a tejer el jersey poco a poco… y se va haciendo, pero nunca sabes a ciencia cierta cómo va a quedar.

Siempre va a depender de tu inspiración y de tu capacidad de tejer y modificar en el caso de que algo se haya torcido.

Pues, lo mismo sucede con la línea de la vida. En el momento que naces, la línea comienza a crecer, a estirarse… pero no sabes cómo va a ir, en qué dirección, si para arriba, para abajo o va a ser siempre, línea recta.

Ahora te voy a poner un dibujo de unas líneas de la vida. Verás que son diferentes.

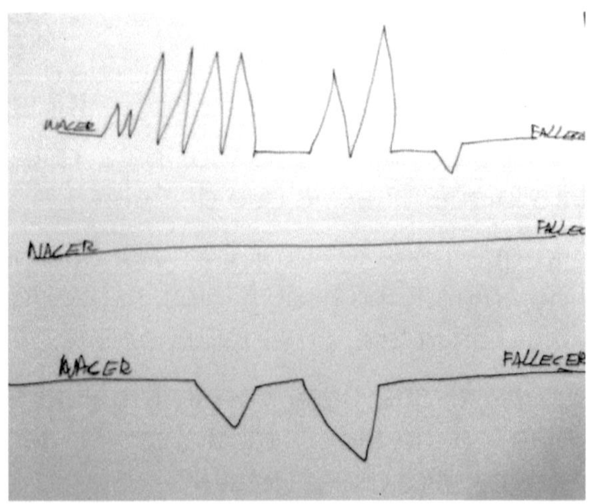

Hay diferencia entre las tres líneas de la vida. ¿Verdad? Dime, entre esas tres (y sabiendo que hay más variaciones de líneas)… ¿Con cuál de ellas te quedas?

Yo con la primera, sin duda. Una línea de vida, lleno de vida. Como una montaña rusa, con sobresaltos, altibajos… emociones.

Una vida con mucha caña, como diría yo. Aunque la tercera línea de vida, tampoco es tan mala.

La tercera línea, aunque tenga picos hacia abajo como estalactitas, es señal que habido movimiento y acción en esa vida y aunque sean malas.

Recuerda que cualquier experiencia, por muy mala y tormentosa que haya sido… siempre recogerás buenos frutos y mucho aprendizaje.

En cuanto a la segunda línea de la vida… es la peor, sin duda. ¿Por qué?

Pues porque es una línea de vida… sin vida. Carece de emociones. Una línea recta, horizontal, en donde la vida se alimenta de rutina y monotonía.

Así que por favor…

¡QUE TENGA VIDA! ¡QUE TENGA EMOCIONES, EXPERIENCIAS Y SENSACIONES!

En el siguiente capítulo, te describiré mediante unas frases, lo que es y significa la vida.

¿QUE ES LA LINEA DE LA VIDA?

En la línea de la vida, no puede existir el miedo. El miedo no tiene cabida, en la línea de la vida. Sino… no sería vida.

La vida es una delgada línea… entre querer pasar el rato y querer pasar la vida.

Es mejor cruzar la línea y sufrir las consecuencias, que mirar fijamente la línea durante el resto de tu vida.

> **"LA VIDA ESTÁ HECHA DE TIEMPO"**
>
> **BRUCE LEE**

> **"LA CONCIENCIA ES LA LÍNEA RECTA. LA VIDA ES EL TORBELLINO. ESTE TORBELLINO TAN PRONTO LANZA SOBRE LA CABEZA DEL HOMBRE NEGRURA DEL CAOS, COMO HACE BRILLAR SOBRE ELLA UN CIELO AZUL"**
>
> **VÍCTOR HUGO**

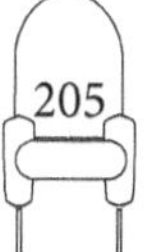

> **"DEBEMOS ESTAR DISPUESTOS A RENUNCIAR A LA VIDA QUE HEMOS PLANEADO PARA PODER VIVIR LA VIDA QUE NOS ESTÁ ESPERANDO."**
>
> **JOSEPH CAMPBELL**

> **"LA VIDA Y LA MUERTE SON UN MISMO HILO, LA MISMA LÍNEA DESDE DIFERENTES PERSPECTIVAS."**
>
> **LAO TZU.**

Y por último, te diré que, si quieres que la línea de tu vida tenga vida. Entonces…

PIENSA (con el alma)

CREE (Ten fe)

ATREVETE (Lánzate)

SUEÑA (Suéñate)

Y verás… que bien se vive.

En el siguiente capítulo, te hablaré sobre las consecuencias del temer. ¿Le temes a algo?

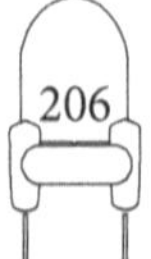

CONSECUENCIAS DEL TEMER

La vida está llena de consecuencias. Consecuencias buenas y malas. Pero siempre es positivo.

Incluso de una mala consecuencia, siempre se puede sacar una lectura positiva. Y un aprendizaje muy importante.

Todos tememos a las consecuencias. Pero les tememos porque siempre esperamos algo malo. La palabra "consecuencia", lo vemos como sinónimo de algo malo va a suceder.

¿Por qué?

Por las creencias. Por las creencias que nos han inculcado tanto la familia, el entorno, la sociedad… etc.

Pero una cosa te digo; Las consecuencias del temer, son peores que las consecuencias en si (por muy malas que sean).

Hablemos de las consecuencias por temer a

Las consecuencias;

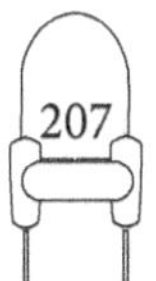

-Si temes a perder el trabajo... terminarás perdiéndolo.

¿No sería mejor, no perder el tiempo con el miedo a perderlo e invertir ese tiempo en trabajar duro y honestamente?

De esa manera, sería imposible que te despidieran del trabajo.

-Si temes a perder a tu pareja, sin duda terminarás perdiéndolo/a.

Las consecuencias de temer a perder tu pareja, hace que no te deje ver lo mejor, la belleza de poder disfrutar de esa relación de pareja.

Si no quieres que la flor se marchite, debes regarla todos los días con mucho amor y dedicación.

-Si temes las consecuencias de ir al médico porque temes que te hagan alguna prueba y/o te digan algo malo, pues... evidentemente que eso pasará.

-Si temes a la enfermedad, a caer enfermo/a, evidentemente que caerás enfermo/a. Tu estado emocional será quien creará esa enfermedad.

-Si temes a la soledad, terminarás solo/a. Y cuando te digo solo/a, no me refiero sin amigos/as o sin familia, sino... vacío/a. Sin alma, sin nada.

Hay personas que tienen muchos/as amigos/as y familia pero se sienten solos, se sienten vacíos. Por miedo. Ese miedo produce una soledad terrorífica.

Otros en cambio, tienen uno o dos amigos, no tienen familia o solo dos familiares y se sienten felices y dichosos. Sin necesidad de estar rodeado de personas que no aportan nada.

EL MIEDO A LA SOLEDAD, HACE MUCHO DAÑO. NO TE DEJES EMBAUCAR POR LA MENTE.

-Si temes a la vida y a sus consecuencias, vivirás temeroso. No podrás contemplar y disfrutar de sus milagros.

Cuando dios le dio a **Moisés** en el monte *Sinaí,* las dos tablas con los diez mandamientos, se le olvidó añadir un undécimo mandamiento. Que sería…

¡NO TEMERAS! Es decir. No tendrás miedo. Quizás, entre líneas lo diga en algún mandamiento. Y creo sinceramente, que uno de los mandamientos de dios es…

"NO TENDRÁS MIEDO A LA VIDA. NO LE TEMERÁS A LAS CONSECUENCIAS DE LA VIDA."

El miedo forma parte de nosotros, está dentro de nosotros, y como te he dicho en anteriores capítulos, tienes dominar, gobernar y que te sirva el miedo. Que te sirva para bien, claro.

Las consecuencias son… las consecuencias del vivir.

Los temerosos temen incluso de ellos/as mismos/as.

Los temerosos son desconfiados y están faltos de fe. No creen en ellos mismos… ¡NI en nada! ¿Quieres ser como ellos/as?

Vive, deja que las cosas fluyan, deja que el universo haga su trabajo. Confía en el universo.

El universo jamás te dejará de lado. Te protege y conspira para ti.

El siguiente capítulo será muy breve pero interesante, puesto que te hablaré de personas que tuvieron que hacerle frente a la temeridad, a sus miedos y es así como consiguieron tener éxito en la vida.

PERSONAS CON MIEDO Y ÉXITO

El mundo está lleno de triunfadores/as. De personas que han fracasado, que tenían miedo a muchas cosas. Y del miedo hicieron su fortín y tuvieron éxito.

Son personas que tuvieron que hacer frente al entorno. Es decir, familia (la familia, en muchos casos son un autentico problema.

Por amor, por protegerte te hacen daño y te ponen obstáculos.), las amistades (aquí pasa, exactamente lo mismo que con la familia.

Muchos/as no entienden tu empoderamiento, tu capacidad para ir más allá de tus posibilidades y siempre te dirán que…

"Eso no es posible", "Estás locos/a", "Céntrate, búscate un oficio de futuro", "Sé como los demás", y… un largo etcétera.

Son personas que van en una misma dirección, son personas que sus líneas de vida son rectas, horizontales, casi sin variaciones.

Y como bien sabes a estas alturas…

Para triunfar, hay que fracasar. No hay éxito sin fracaso.

No existe el éxito con miedo. La temeridad hay que disfrazarla de emoción y motivación.

Y eso es, lo que hicieron estas personas, que te voy a nombrar, a continuación;

Alexander Graham Bell; Famoso porque era el inventor del teléfono, aunque el señor Bell, fue un científico, inventor y logopeda escocés. Contribuyó al desarrollo de las telecomunicaciones y a la tecnología de la aviación.

Albert Einstein: Famoso físico alemán, conocido principalmente por el desarrollo de la teoría de la relatividad y la explicación teórica del movimiento browniano y el efecto fotoeléctrico.

Su aportación al mundo de la física respecto al espacio y el tiempo, y a la ecuación sobre la velocidad de la luz con la famosa relación entre masa y energía.

Thomas Alva Edison; Fue un gran empresario pero fue famoso porque desarrolló muchos dispositivos de gran influencia como el fonógrafo, la cámara de cine o una duradera bombilla incandescente.

Marie Curie; Gran científica polaca, nacionalizada francesa, ganadora de dos premios nobel, investigó la radiactividad del uranio y descubrió los elementos polonio y radio.

Fue la primera mujer en ser profesora en la universidad de París.

Amelia Earhart; Mujer estadounidense, fue una aviadora, célebre por sus marcas de vuelo y por intentar el primer viaje aéreo alrededor del mundo sobre la línea ecuatorial.

Y precisamente en ese vuelo, desapareció del mapa, en el océano pacifico. *Amelia,* era mujer que nació para volar. Y voló… libre.

Pero anteriormente, fue la primera mujer en volar sobre el atlántico como pasajera de un vuelo pilotado por *Wilmer Stultz* y *Louis Gordon.*

Y ahí fue, cuando decidió acometer el reto mayúsculo de intentar volar alrededor del mundo sobre la línea ecuatorial.

Podría nombrar más personas celebres como Stephen Hawking, los hermanos Marconi, Clara Campoamor, Leonardo Da vinci, y como no… Jesus de Nazaret.

¿Sabes en que se parecen todos estos personajes celebres?

siempre tenían la mente en funcionamiento, en movimiento.

Sufrieron de pequeños, hiperactivos/as, despistados/as, con pocos amigos/as… simplemente porque eran diferentes, especiales.

Pero todos/as ellos/as, tenían otra cosa en común. ¿Sabes el que?

EL MIEDO. La mente siempre la tenían en funcionamiento, trabajando pero al mismo tiempo siempre estaban peleando, luchando contra su mente.

EL MIEDO. El miedo estaba instalado en sus mentes y muchas veces les hacían la vida imposible. La mente, les hacía dudar. Dudar de todo. De lo que hacían, de lo que sentían, de sus objetivos… etc.

Se pasaron toda la vida luchando contra el miedo hasta que, comprendieron que el miedo formaba parte de ellos. Y es entonces cuando el miedo se convirtió en su arma para luchar, defenderse y conseguir los objetivos.

Todos estos personajes, tuvieron que luchar contra el entorno, sus inseguridades, contra la familia, la sociedad, el mundo político, la prensa y los medios de comunicación… contra el mundo. Pero aun así**…**

¡CONSEGUIERON SUS PROPÓSITOS DE VIDA!

¿Y cuál es el propósito de vida?

Conseguir los objetivos, los sueños pero para bien de la humanidad. Servir a la humanidad mediante tu felicidad y tus éxitos..

Los sueños no están para soñarlos, sino para cumplirlos. Y para eso, hay que trabajar con ilusión y motivación.

Todos/as los/as famosos/as celebres tenían miedo. Miedo a fracasar. Tenían miedo a la sociedad, al entorno.

Por un lado era normal ese miedo, pero ese miedo era originado por… **¡LA MENTE!** Sus mentes les saboteaban continuamente.

Pero ellos/as, decidieron dominar sus mentes, vivir y pensar con el alma y trabajar por sus sueños, para así servir también a la humanidad.

En el siguiente capítulo, te hablaré de dos personajes históricos muy diferentes entre ellos, que cambiaron el mundo, la sociedad, cada uno a su manera y tuvieron que luchar contra sus miedos.

MOZART

Te voy hablar, de unos de los genios de la música de todos los tiempos. **MOZART.**

A mí, personalmente, me encanta la música clásica. En mi opinión, es el género de música que mejor va para el alma.

En el mundo de la música hay grandes cantantes, grupos, cantautores, músicos… etc. Pero todos ellos, tienen una gran influencia de la música clásica.

Hay obras clásicas de música que por su potencial, fuerza, se podría decir, que son muy… "roqueros" o "Punkis".

Podría hablar de la fuerza de Beethoven o de Bach. Pero te voy hablar del mejor, de único. De Mozart.

Muy, muy pocos han sido capaces de entender la música en todo su esplendor y su fuerza como **Mozart**.

Pero… ¿Quién era **Mozart**?

Wolfgang Amadeus Mozart

Compositor y pianista austriaco (Salzburgo). Trabajó para el antiguo arzobispado de Salzburgo, maestro del clasicismo.

Fue uno de los músicos y compositores más influyentes y destacados de la historia. En mi humilde opinión, el más grande de los grandes.

Era un virtuoso (único) del piano y como compositor tenía una imaginación, una mente prodigiosa, privilegiada que además disfrutaba como un niño, creando, componiendo para luego dirigir sus sueños musicales.

Sus obras más conocidas son;

Réquiem, La flauta mágica, Las bodas de Fígaro, Concierto para piano No. 21 en Do mayor Kv. 467, Ave Verum Corpus… entre otros de gran éxito.

Mozart era como un niño grande. Juguetón, alegre, loco, siempre a contracorriente, era una oveja negra para la sociedad. Políticamente muy incorrecto.

Sagaz, inteligente, trabajador innato, su mente fluía a gran velocidad. Su capacidad de creación y para componer no tenía límites. ¡Era único en su faceta!

Y eso atraía muchas envidias, celos… etc. Y uno de sus "enemigos", era **Salieri**.

Salieri, otro gran compositor, otro gran músico pero que no estaba a la altura de **Mozart**. **Mozart** era un alma imparable, hacia lo imposible en posible.

Salieri era un gran compositor que se había conformado con lo que había hecho hasta entonces y como gozaba de la confianza del arzobispo, no quiso crecer más como profesional ni como compositor.

Hasta que apareció **Mozart** y... comenzó su particular guerra contra él.

Le odiaba, le envidiaba pero lo admiraba al mismo tiempo. **Mozart** había conseguido lo que él, nunca pudo. Ser único.

Salieri tenía miedo de que **Mozart** le quitara protagonismo, poder, fama y el cariño del arzobispo. ¿Y qué pasó?

Pues que ocurrió lo que temía **Salieri**. Ya sabes, atraes lo que piensas, lo que temes. **Mozart** le quitó todo la fama y protagonismo a **Salieri**, pero por meritos propios, claro.

Mozart sufría de síndrome de Tourette, era hiperactivo, obsesivo compulsivo, muy activo pero con muchos miedos en su interior.

Su miedo era no ser el mejor, el único. Siempre vivió con ese miedo. Pero del miedo hizo su fortín y pudo controlar las ansias dominantes de su mente.

Siempre trabajando para ser el mejor, siempre componiendo y creando. Cuando dominaba su mente, entonces su alma y su mente trabajaban juntos para él.

Su oficio era su pasión, su motivación, su objetivo, sus sueños estaban en su alma y las sacaba mediante la música, componiendo magia musical.

Mozart falleció a la temprana edad de los 35 años. Su muerte aun sigue siendo un misterio.

La verdad es que **Mozart** siempre sufrió de enfermedades. Tuvo, viruela, amigdalitis, bronquitis, neumonía, fiebre tifoidea, reumatismo y periodontitis.

A pesar de ser una persona muy alegre, optimista, bromista… también tenía sus momentos de flaqueza, de miedo.

El vivía parra trabajar y disfrutar, sacaba magia de sus composiciones para que los demás disfrutaran.

Su propósito de vida era dar música a la sociedad, al mundo entero. Llenar el mundo con música llena de vida.

Pero como ser humano que era, también sufría de sus resistencias mentales, de sus miedos y de sus inseguridades. Pero les hacía siempre frente.

Como he dicho, muy a menudo enfermaba pero eso para él, no era pretexto para no trabajar.

No se podía darse el lujo de dejar de trabajar por estar enfermo. Con lo cual… jamás enfermaba a pesar de estar enfermo.

Pero fue el cansancio mental y la ansiedad quienes le llevaron a la tumba.

Su enfermedad final comenzó durante una visita a Praga, con el fin de supervisar la representación de su nueva ópera *"La clemenza di tito".*

En ese viaje a Praga, comenzó a sentirse muy mal. Uno de sus biógrafos, dijo;

"Estaba pálido y tenía una expresión de tristeza, aunque a menudo mostraba su buen humor con bromas a sus amigos"

Al volver a Viena, su estado de salud empeoró seriamente pero aun así, trabajó para terminar su obra (compuso) *"Concierto para clarinete"* y trabajó

muy duro para componer la obra **Réquiem.** Y precisamente después, de terminar de componer esa obra… falleció.

Era como si, él, **Mozart,** hubiera compuesto su funeral. Tétrico y misterioso.

Pero lo más curioso de todo es que, compuso la obra *Réquiem* por encargo de una persona que se quería pasar por anónimo, pero siempre se sospechó de quera esa persona anónima, era Salieri.

El cansancio mental, se acumuló en sus entrañas. El cansancio mental y físico acabaron con la vida de **Mozart.**

Bueno, la mente también puso de su parte, con el miedo a no hacerlo. El estrés, la ansiedad, la tristeza que habitaba en su alma, sus problemas de circulación sanguínea… entre todos pudieron con **Mozart**.

Pero ahora, te voy a decir una cosa que muy pocos saben y me gustaría que investigaras, que indagaras un poco por tu cuenta.

¿Sabías que… Mozart, en todas sus obras que compuso…. Jamás incorporó el SI 3 bemol? En sus obras, no existe el SI 3 bemol.

¿Porque? Hay muchas teorías y todas son buenas pero descartables al mismo tiempo.

Pero lo que realmente cierto es que… era su firma ausente. Era la manera en que firmaba sus obras, pero nadie se dio cuenta de ello.

Bueno… si. Se dieron cuenta en el siguiente siglo. Un compositor y musicólogo se dio cuenta de

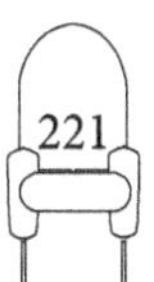

eso. Investigó… y en su cabeza rondaron varias hipótesis. Pero la más concluyente es que era, su firma ausente.

También otras hipótesis más de espionaje e ideología, como por ejemplo, que MOZART era una asociación de artistas de libre pensamiento que trabajaron para y por el gran Wolfgang Amadeus Mozart.

Pero esa hipótesis de espionaje e ideología, te lo dejo para ti. Para que investigues y aprendas algo más sobre el gran genio de la música de todos los tiempos.

En definitiva, **Mozart** pudo convivir con sus miedos e inseguridades y las envidias del entorno. Y solo al final, y después de componer su particular funeral, pudo descansar para siempre.

Te recomiendo que veas la película "**AMADEUS**", y ahí verás toda la verdad de la vida de un genio de la creatividad.

En el siguiente capítulo, te hablaré de mí. Te haré una confesión muy especial.

YO... CONFIESO

Este es el último capítulo de este libro de la trilogía, antes de entrar con los agradecimientos.

Antes de cerrar con este segundo libro, quiero confesarme. Confesarme ante ti, mi querido/a lector/a. Tú, eres parte fundamental del éxito de esta trilogía.

Y por eso mismo, te mereces que me confiese ante ti. Tranquilo/a, no te tienes que poner sotana, ni leer un pasaje de la Biblia, ni nada por el estilo.

Hay va mi confesión;

Yo confieso... que tengo miedo. Que tengo inseguridades. Que tengo resistencias.

Yo confieso que no soy perfecto ni que busco la perfección. He mentido (sobre todo, a mi mismo), me he castigado, me he frustrado, he sentido envidia, he estado bajo el influjo de la soberbia, el ego y el miedo.

He tenido miedo a defraudar a la gente, a los "amigos", a la familia, al/a jefe/a de la empresa en donde he trabajado.

Me he aislado y cobijado en mis inseguridades. He temido a la soledad abrazándola con todas mis fuerzas.

Confieso que he sido un mal amigo de mi mismo, confieso que he postergado mis sueños, mis objetivos. Confieso que… ¡He renegado de mi propósito de vida!

Pero de cada pecado, he disfrutado una barbaridad. Eso si, he intentado no perjudicar a nadie.

Quizás a alguien le haya perjudicado con mis acciones y mi manera de ser. Ya lo siento, no era mi intención desde luego.

Pero lo que más me duele, sin duda, es que me haya perjudicado a mí mismo. Me he hecho mucho daño. He dejado dominarme por mis miedos, por mis inseguridades.

He dejado mi personalidad y mi carácter a un lado para ser uno más. Para no ser diferente a los demás. ¡Qué osadía por mi parte!

¿Por qué? ¿Por qué hice eso?

Para pertenecer al rebaño de las ovejas blancas, al rebaño de borregos que transitan por la vida, como amas en pena o más bien… sin alma.

Y después de tantos años, después de tantas experiencias, tanto buenas como malas… después de haber llorado a mares, sonreído como un niño con una piruleta, reído a carcajadas, enfadarme como un ogro, decepcionarme miles de veces por situaciones inesperadas… comprendí y entendí que la vida… es todo esto.

Hay que dejar que las cosas fluyan, dejar que el universo (dios) haga su trabajo.

Hay que vivir con intensidad, amor, comprensión, empatía, asertividad, con ilusión y motivación cada día de la vida. Y vivir de esa manera, no es nada fácil. Créeme.

Porque habrá días y momentos en el que... te gustaría desaparecer del mapa, mandar todo a la mierda... o incluso, odiar el mundo, la vida. Y es entonces, cuando debes reaccionar de inmediato y escuchar a tu instinto, a tu alma... a tu niño/a interior.

Las cosas nunca pasan por azar. Siempre hay un motivo. No existen las casualidades, existen las causalidades.

Ahora estoy escribiendo esta trilogía pero hace siete años, no era consciente de todo lo que me podía aportar el universo.

Hace 5 años, cambió mi vida por completo. Estaba pasando por una época horrorosa, terrorífica. No veía la luz en la oscuridad.

Maltrato psicológico constante hacia mí, por parte de ex familia (mi ex mujer y su familia). Me quitaron toda la autoestima y me llenaron la mente de piedras muy pesadas.

Pero por suerte, un buen día, abrí los ojos llenos de lágrimas, la tristeza inundaba mi alma, y en un día gris, vi el cielo azul.

Aquella mañana, decidí darle una segunda oportunidad a la vida, y la vida me correspondió con su mejor sonrisa. A partir de aquel día, todo fue diferente.

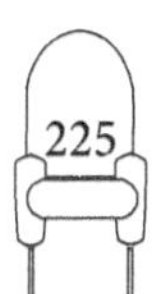

Se abrieron puertas de bendición, empecé a atraer abundancia en el trabajo, en el amor, en la salud y en el dinero. Conocí, a la que hoy en día es mi alma gemela.

Y desde aquel día, estoy cumpliendo con los objetivos marcados, los sueños se van cumpliendo y tengo claro mi propósito de vida. Con lo cual, solo puedo dar gracias.

GRACIAS, GRACIAS, GRACIAS.

Gracias por hacerme ver que los malos momentos o las tormentas, forma parte de la vida, que las cosas pasan por algo.

Para llegar al paraíso, hay que pasar primero por el limbo y el purgatorio. Bueno, en mi caso, incluso por el mismísimo infierno.

En cinco años, he sabido el significado y sentido de la vida. He cinco años he contemplado tantos milagros, que superan los dedos de las manos.

Y por eso, digo bien alto…

¡LA VIDA ES UN MILAGRO!

¡Gracias universo, por permitirme ver la elegancia y los secretos de la vida!

Gracias, gracias, gracias… por darme lo que me has dado. Ya sea alegrías, penas, decepciones, risas…etc.

Bueno, y lo que me queda por ver, sentir y saborear. Porque sobre el escenario de la vida… la obra es muy larga, y el telón se cierra cuando se tiene que cerrar.

Puedo decir bien claro, que la vida es un proceso de aprendizaje. Y desde que nacemos hasta que fallecemos, vamos aprendiendo.

Solo que, de este proceso somos conscientes muy tarde. Cuando ya somos adultos o de tercera edad.

Lo que hoy es abajo, dentro y/o a la izquierda… mañana será arriba, fuera y/o a la derecha. Es la ley del universo.

Yo confieso… que he sido un necio. Le he dado la espalda a la vida, he renegado del universo, de su potencialidad, he renegado de mi mismo, de mi potencialidad.

La vida son dos días. ¡No! Son día y medio. Y el ser humano desaprovecha un día entero enfadado, frustrado, decepcionado, abatido, triste… intentando encontrar algo que ni ellos/as saben.

Intentan buscar algo que seguramente ya lo tienen y no lo ven. El ser humano es ciego por naturaleza.

El ser humano tiene la capacidad de amar y de ser felices dentro de un estado global emocional (con tristeza, alegrías, decepciones, enfados…etc.).

Nos dicen que hay que ser felices y optimistas. Sonreír y reír.

Pero… ¿Por qué?

Hay que ser optimistas, felices con uno/a mismo/a, reír, sonreír… pero también llorar, enojarse, entristecerse… etc.

Ser conscientes de nuestros estado emocionales, tenemos que respetar nuestros estado emocionales.

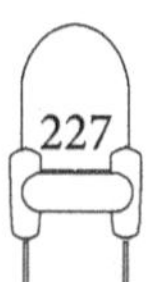

Para comprender el mecanismo del universo, hay que comprender la vida en su totalidad. Y aceptar las cosas como vienen.

Yo confieso, que antes no me quería, odiaba la vida. Pero un buen día, abrí los ojos… y contemplé la vida en su totalidad, me di una segunda oportunidad.

Resurgí de mis cenizas. Morí para volver a nacer. Resurrección. Y me convertí en lo que soy hoy en día. Un ave Fénix.

Soy consciente, que la vida da muchas vueltas, y que en cualquier momento el miedo puede volver envuelto en una mala racha (época), pero estoy preparado.

Dejar tus miedos e inseguridades a un lado. Y si hace falta… tocar fondo… morir… hazlo.

¡RESURGIRÁS DE TUS CENIZAS, PARA CONVERTIRTE EN UN AVE FENIX, QUE BRILLA Y BRILLA, SIN PARAR.

Por último diré que muchas gracias por leer este segundo libro mi querido/a lector. Estoy seguro que te ha gustado y que le sacarás partido, para así vivir… **UNA VIDA DORADA**.

Y te diré que te prepares para el tercero porque… es la guinda del pastel.

"MICRO HISTORIAS DE LA VIDA", la tercera entrega de la trilogía. ¡Te encantará!

El broche de oro, a una trilogía que homenajea a la vida con pequeñas historias.

Así que… ¡Te espero en la tercera entrega!

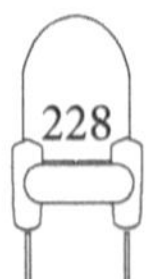

REGENERACION

El capítulo "Yo, confieso", iba a ser el último capítulo, pero… dadas las circunstancias… estoy casi obligado de hablarte de un tema, que nos ha tocado a todos.

Estamos en cuarentena, confinados, por un virus llamado coronavirus que no sé, ignoro de donde ha salido y la razón.

Hay miles de explicaciones, motivos… o ninguno. Que si, guerra bacteriológica entre dos países, que si… las tecnologías han sido las causantes del virus… etc.

Sinceramente… no lo sé y ni me interesa la razón de la aparición del coronavirus. Lo que si sé, es que está haciendo estragos en la salud física y mental de las personas.

Tu cometido es defenderte y cubrirte del coronavirus. ¿Cómo? No haciendo caso a las noticias, a los periódicos (creadores de mentiras del mañana y propagadores del miedo), no haciendo caso a los mensajes negativos y derrotistas del whatsap, facebook… etc.

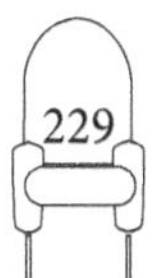

Las redes sociales… ¡Ojo, con las redes sociales porque están envenenadas de negatividad y derrotismo! ¡No hagas caso!

¡Huye de todo mensaje negativo! ¡No dejes que la negatividad entre en tu mente! ¡Protege tu mente!

Dicen que, después del coronavirus viene una gran recesión. ¿Y? Y que. Esa crisis que están fomentando, esa recesión económica que se han sacado de la manga es para ellos, no puede ser tuyo.

La pobreza es para quien lo habla y lo piensa (mentaliza). La pobreza es para quien está cómodo en la pobreza, es para quien prefiere quejarse que luchar por sus objetivos.

La pobreza es para aquel que dice que el dinero es malo. Si es malo… que lo regale o lo tire a la basura.

El dinero lo identifican con el capitalismo. Y naturalmente, que el dinero es sinónimo de capitalismo. Pero hay dos tipos de capitalismo. Uno bueno y otro malo.

El capitalismo malo es el que se utiliza el dinero para derrochar, para despilfarrar. Para convertirlo en puro materialismo. Es decir para comprar cosas que realmente no son necesarias.

Hay que saber vivir con lo que uno tiene. Y los caprichos no forman parte del dinero sino del ego. No hay nada malo en comprar ropa nueva, un coche, una casa o viajar.

Todos tenemos nuestros sueños y anhelos. Pero hay que comprar lo que realmente se necesita y… lo que nos merecemos.

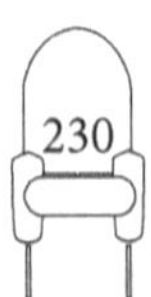

Es decir, los sueños no se compran, pero gracias al dinero, los sueños se pueden convertir en realidad.

El dinero no da la felicidad pero ayuda a conseguirla. Porque la felicidad está en el bienestar de cada uno/a y en los objetivos cumplidos.

El otro tipo de capitalismo, es el fundamental para crear una sociedad justa y fuerte. En donde haya hospitales, escuelas, casas de cultura, bibliotecas, parque naturales, empresas para generar empleo… etc.

El capitalismo para el bienestar social, pero sin excesos, y sin despilfarrar el dinero. Un tipo de capitalismo en donde el animal es libre, el ser humano es libre… y no se emplea al ser humano como esclavo ni para comprar armas de destrucción.

Por eso, hay dos tipos de capitalismo. Por eso el capitalismo en si, no es malo, el dinero no es malo. El dinero no corrompe. El ser humano corrompe el dinero porque su ego y su mente le dominan.

Yo me adapto a las circunstancias pero tengo y quiero abundancia económica. Y para ello, lucho y trabajo para tenerlo. No pienso en ningún segundo en la pobreza que nos quieren imponer.

Si, si, imponer. Nos quieren como esclavos y pobres de mentalidad. En tu mano está serlo o no. Yo lo tengo muy claro. ¿Tu?

Su pobreza y sus miedos no la es la mía. No te dejes embaucar. No te dejes doblegar por el miedo y la pobreza.

Domina tu mente, empodérate ahora más que nunca. ¡Hazlo! Sé un ave Fénix y ten una vida dorada. ¡Empodérate!

Por mucho virus que digan que haya, por mucha pobreza que diga que haya…

TU DECIDES SI ESTÁS ENFERMO Y SI ERES POBRE O NO.

¿Sabes exactamente lo que está pasando?

Una regeneración. Una regeneración del planeta, guiada y orquestada por el universo. Así que, si existe algún/a dictador/a que ha montado todo este jaleo… ha sido el universo. Pero… por nuestro bien.

Si, oyes bien. Por nuestro bien. El planeta se tiene regenerar, la naturaleza ha tomado el sitio, el mando. Y el ser humano… el ser humano tiene está evolucionando al igual que el planeta y se está regenerando.

¿Qué quiere decir esto?

O que reaccionas rápido y eres hábil de mente y de alma… o… sobras. Te vas. Tienes que fluir e ir tan rápido como el universo.

La realidad es que tienes que reaccionar. Guiarte por tu alma, dejar los malos pensamientos a un lado.

Pero para eso, debes dejar de escuchar las noticias, leer los periódicos y hacer caso omiso a las mierdas (con perdón) que te vengan por las redes sociales. ¿Vale?

Cree en ti, ten fe. Fe en el universo. El universo jamás se equivoca. Por eso tienes que reaccionar y no esconderte en el manto del miedo.

Y estarás pensando… "¿Y si, enfermo del coronavirus qué? " Pues si enfermas… enfermas y punto. En tus manos está enfermar y curarte.

Para cuando hayas leído este capítulo, todo habrá pasado. Y quizás hayas enfermado pero estás leyendo el libro.

Repito; lo que está haciendo el universo es… REGENERACIÓN. ¿Y eso que quiere decir? Morir para volver a nacer. Es decir…

Al igual, que el ave Fénix, resurgiremos de las cenizas. RESURRECIÓN del planeta y de todos sus habitantes.

Ahora… deja que la naturaleza coja el mando, deja que los animales disfruten de su naturaleza y de la vida. Bastante les hemos robado. Les hemos robado y ensuciado su terreno, su vida. Es justo, que ahora ellos, disfruten y nosotros, nos quedemos en nuestras casas reflexionando de lo que ocurre y de lo que hemos hecho. ¿No crees?

Resucitaremos, resurgiremos con una vida dorada y reflexiva. Y brindaremos. Brindaremos y celebraremos por la nueva vida que nos toca vivir… **UNA VIDA DORADA**.

Ahora si que si, me despido. El libro "**VIDA DORADA**" toca su fin. Y te espero en el último libro de la trilogía. En…

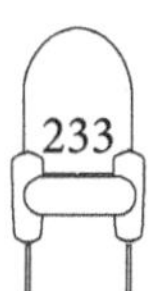

"**MICRO HISTORIAS DE LA VIDA**". Y no te lo puedes perder. Así que… ¡Te espero en el libro de las historias más mágicas!

"**MICRO HISTORIAS DE LA VIDA**". Y no te lo puedes perder. Así que… ¡Te espero en el libro de las historias más mágicas!

AGRADECIMIENTOS

Este es, el segundo libro de la trilogía "**EL ESCENARIO DE LA VIDA**".

Jamás había escrito una trilogía de ensayo de autoayuda, ha sido toda una experiencia.

"VIDA DORADA", ha sido un trabajo más elaborado, trabajado y complejo. Precisamente porque estoy acostumbrado a escribir guiones y obras teatrales.

Los guiones y obras teatrales, son de mi zona de confort. Y he tenido que estar incomodo para poder llevar a cabo este proyecto y sobre todo, este segundos libro de la trilogía.

Mi querido/a lector/a. **GRACIAS GRACIAS GRACIAS** por leer mi tesoro.

Y gracias también porque sé que también te leerás el último libro de la trilogía.

"MICRO HISTORIAS DE LA VIDA".

El segundo agradecimiento es para el universo, que me ha enseñado, aportado mucho para que yo escribiera la saga.

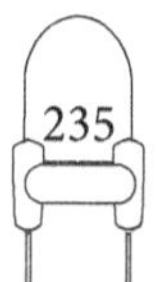

El universo me puso obstáculos para que los superara y entendiera que la vida es un proceso de desarrollo y aprendizaje personal.

¡Gracias universo! Gracias por lo que he sido, por lo que soy y por lo que seré. De la misma manera que…

¡Gracias por lo que he tenido, gracias por lo que tengo y por lo que tendré!

Y mi tercer agradecimiento y no menos importantes, es para todas las personas que me han apoyado, que han existido en mi vida porque sin ellos, yo no hubiera aprendido absolutamente nada.

En el camino de la vida me he encontrado y he conocido personas maravillosas. Y entre esas personas maravillosas está **Laura Muñoz, mi estrella fugaz que se quedó a mi lado. Ella es mi ALMA GEMELA.**

Laura Muñoz es mi compañera de trabajo (la mejor que podía tener), mi mejor amiga a la que quiero y amo. Gracias Laura, has sacado la luz que llevaba en mi interior.

Naturalmente que quiero dar las gracias a mi familia. Aunque aun no entiendan mi pasión y vocación como profesión, lo han respetado.

Y sobre todo… me han hecho sentirme incomodo para que tenga trabajar más duro y hacerles ver, que del arte, también se puede vivir y ser un propósito de vida. Y como no, quiero agradecer a todas esas personas que han aparecido en mi vida.

Alumnos/as, compañeros/as de teatro, de trabajo (compañeros de obras teatrales), personas que han estado en mi vida y se fueron, personas que han aparecido en mi vida y… personas que pronto aparecerán en mi vida para ayudarme a crecer como persona y profesional.

El universo crea grupos para que entre ellos se ayuden, se quieran, se amen, se respeten y aprendan. Todos forman parte de un proceso de aprendizaje y superación.

Así que… **GRACIAS, GRACIAS GRACIAS**.

Nos vemos en el siguiente libro, que será más interesante, apasionante y con historias (micro historias) que te llegaran a emocionar, tocando el alma.

Y por último, quisiera agradecerme a mí mismo, por haber cambiado de actitud, de manera de pensar.

Continuare confiando en mí y en el universo.

LAIN GARCÍA CALVO

Gracias **Laín** por exigirme. Gracias **Laín** por hacerme ver una nueva vida o más bien, una nueva manera de ver la vida.

Me has abierto los ojos para ver el universo, su grandeza y su gratitud.

Y me lo has hecho ver… con la **SAGA DE LA VOZ DE TU ALMA**.

"LA VOZ DE TU ALMA", un libro diferente. Un libro que te hará cambiar de concepto.

El concepto que tenías de la vida, cambiará por completo. La metafísica, el universo, dios… todo es uno y uno es lo mismo que todo.

Entenderás las interpretaciones de la Biblia. Frases, conceptos que en la iglesia y en el Vaticano no lo dicen porque no lo saben y/o porque no quieren.

Pero **Laín García Calvo**, te abrirá los ojos, te hará ver la verdad, te hará conocedor de la verdad.

Te hablará del mentor de crecimiento y desarrollo personal que habido en la historia. Y no es otro que… **Jesus de Nazaret**.

Laín García Calvo, en la **SAGA** de "**LA VOZ DE TU ALMA**", no te habla de religión. Te habla de la ley de atracción, te habla de la física cuántica, te habla del alma

Es una saga totalmente recomendable, que habla del proceso del crecimiento y desarrollo personal, como principal objetivo del propósito de vida.

Si aun no tienes, un propósito en tu vida, lee "**LA VOZ DE TU ALMA**", y te puedo asegurar, que empezaras a creer en ti y que te marcarás un propósito de vida.